U0537280

人|文|社|科
高校学术研究论著丛刊

大学美育理论及其教育实践研究

汤旭梅 著

中国书籍出版社
China Book Press

图书在版编目(CIP)数据

大学美育理论及其教育实践研究/汤旭梅著.—
北京:中国书籍出版社,2019.6
ISBN 978-7-5068-7361-1

Ⅰ.①大… Ⅱ.①汤… Ⅲ.①美育—教学研究—高等
学校 Ⅳ.①G40—014

中国版本图书馆 CIP 数据核字(2019)第 140584 号

大学美育理论及其教育实践研究

汤旭梅 著

丛书策划	谭 鹏 武 斌
责任编辑	李雯璐
责任印制	孙马飞 马 芝
封面设计	东方美迪
出版发行	中国书籍出版社
地 址	北京市丰台区三路居路 97 号(邮编:100073)
电 话	(010)52257143(总编室) (010)52257140(发行部)
电子邮箱	eo@chinabp.com.cn
经 销	全国新华书店
印 刷	三河市铭浩彩色印装有限公司
开 本	710 毫米×1000 毫米 1/16
印 张	13
字 数	168 千字
版 次	2020 年 1 月第 1 版 2020 年 1 月第 1 次印刷
书 号	ISBN 978-7-5068-7361-1
定 价	60.00 元

版权所有 翻印必究

代序：改革开放 40 年中国美育与艺术教育的发展

今年是中国改革开放 40 周年。改革开放以来，中国美育与艺术教育走过了一段不平凡的道路，同时，也取得了令人瞩目的可喜成就。

应当指出，中外美育与艺术教育的历史源远流长，早在两千多年前我国的先秦时期和西方的古希腊时期就已经开始。正如德国思想家卡尔·雅斯贝尔斯所讲到的那样，在人类社会距今 2500 年前左右的那几百年时间里，有一个阶段被称之为人类的"轴心时代"，在古老的中国、西方、印度和以色列等地区相继出现了一批伟大的思想家与教育家，他们的思想至今还在影响着世界各个地区与各个国家的人民。同样，正是在两千多年前的这个"轴心时代"，在世界的东方和西方几乎同时开始了美育与艺术教育。早在西方古希腊时期，著名哲学家、思想家和教育家柏拉图、亚里士多德等人就十分注重美学理论和艺术教育理论。特别是孔子提出了"兴于《诗》"的艺术教育问题，把审美教育视为道德教育的一种特殊方式或补充手段。人类文明的历史进程常常呈现某种相似性，几乎与此同时，也就是我国先秦时期，孔子、孟子、老子、庄子等人相继提出了"立于礼，成于乐"的思想，奠定了中国古代教育"礼乐相济"的理论基础，把符合儒家之礼的艺术作为人生修养的重要方面。

如前所述，早在两千多年前，以先秦时期的孔子和古希腊时期的柏拉图为代表，东西方的大思想家和教育家们都不约而同地注意到艺术对于人类社会的意义和作用。这种现象的出现绝非偶然,它一方面说明人类各民族文化的历史进程具有某种惊人相似的共同规律;另一方面也说明艺术由于具有审美认知、审美教育、审美娱乐等多种功能,确实能对社会生活发生多方面的作用和影响。因而,古代的思想家们才这样重视艺术教育对培养和陶冶人所起的巨大作用。

一、专业型(狭义)艺术教育与普及型(广义)艺术教育

必须指出,"艺术教育"这一个概念,其实有着两种不同的含义和内容:一方面,"艺术教育"从狭义上讲是指专业型艺术教育,就是为了培养艺术家或专业艺术人才所进行的各种艺术理论与艺术实践教育。各种专业艺术院校主要就是从事这种专业艺术教育,例如,戏剧学院、影视学院培养编剧、导演和演员,音乐学院培养作曲家、歌唱家与器乐演奏家,美术学院培养画家、雕塑家、艺术设计专家等等。

另一方面,"艺术教育"从广义上讲又是指普及型的艺术教育,如前所述,我国教育方针已经明确规定是要培养德智体美全面发展的人才,而美育的重要核心任务与主要实施途径就是艺术教育,特别是当前我国教育战线大力推进"立德树人"的素质教育,而全国大中小学素质教育的重要组成部分就是美育和艺术教育。这种广义的艺术教育理论认为,尽管世界上存在着多种多样的职业,但作为现代社会的人,不管他从事何种职业,都不可能不涉及艺术,他或者读小说,或者看电影,或者听音乐,或者看戏剧,或画画、跳舞,总是要涉及艺术。尤其是现代人注重提高自己的文化修养,而文化修养的重要组成部分就是艺术修养,所以,这种广义的艺术教育在当代社会中显得更加必要和紧迫。

从总体上讲,普及型"艺术教育"作为美育的重要核心任务与主要实施途径,它的根本目标是培养全面发展的人。因此,广义的艺术教育强调普及艺术的基本知识,尤其是通过对古今中外优秀文艺作品的鉴赏,来提高人们的审美修养和艺术鉴赏力,培养

人们健全的审美心理结构。特别是21世纪以来,科学技术和生产力以人类历史上前所未有的速度获得了巨大的发展,一方面造成了物质财富的极大丰富,另一方面又使社会分工更加专业化和职业化,人们的日常生活都被程序化和符号化,商品社会中的物欲横流更是给人类社会带来了深刻的危机和隐患,人们在精神生活方面反而变得更加焦虑和不安,德国古典美学家席勒早在18世纪就发现了人性的分裂,存在着"感性冲动"与"理性冲动"的冲突,物质与精神的分裂,主观与客观的对立,这种状况在现当代社会中变得更加尖锐突出。席勒正是在这种情况下旗帜鲜明地提出了"美育"的概念,在他的《美育书简》这本经典之作中强调将艺术作为人们自由自觉的活动,以此来促进人们身体心灵的协调发展。正因为如此,艺术格外受到当代人的青睐,人们需要在艺术中恢复自身的全面发展,防止感性与理性的分裂。通过对艺术的追求,对于美的追求,来提高人的价值,达到人格的完善,实现人的全面发展。

应当指出,改革开放40年以来,中国艺术教育在专业型(狭义)艺术教育和普及型(广义)艺术教育两个方面都取得了长足的发展,下面作一个简单的概述。

二、专业型(狭义)艺术教育成果辉煌

虽然中国古代的艺术教育延续了两千多年的历史,但是,中国现代意义上的专业艺术教育却开始得比较晚,直到西方文化传入中国,才带来了西方具有学科门类性质的学校专业艺术教育。20世纪20年代,时任国民教育总长兼北京大学校长的蔡元培先生,呼吁"以美育代宗教",希望人们将艺术当作自己心灵的家园,强调美育和艺术教育是陶冶人的情感,使人达到一种崭新精神境界的最好途径,并且亲自在北京大学创建了中国现代音乐教育最早的机构"音乐传习所",以及中国现代美术教育最早的机构"画法研究会",同时,最早将电影和昆曲引入大学课堂。但是在他之

后,北京大学长期未能发展艺术教育。中华人民共和国成立后,我国专业艺术教育得到了一定的发展,然而由于当时教育一边倒地学习苏联,致使学科分割的现象日益严重,许多综合大学原有的艺术教育机构都被撤销或合并,全国仅仅剩下了31所文化部直属艺术院校。这种状况一直延续到20世纪80年代的改革开放时代。

改革开放40年来,我国专业艺术教育发展迅速,不但原来的几十所传统专业艺术院校迅速发展,而且全国的综合大学与理工科大学也纷纷创办艺术院系。据不完全统计,目前,我国已经有几百所高等院校相继建立了各种艺术类学科,招收艺术专业学生,全国各个艺术专业在校学生总人数多达几十万人。与此同时,在我国已经逐渐形成了由以下四种形态共同组成的专业艺术教育体系,即:以传统专业艺术院校如中央音乐学院,综合艺术院校如南京艺术学院,师范大学艺术学院如北师大艺术与传媒学院,综合大学艺术院系如北京大学艺术学院等四足鼎立构成的我国高等专业艺术教育体系的崭新局面。就拿我在北京大学的亲身经历来说吧,我们也是在1986年成立北京大学公共艺术教研室的基础上,1997年,叶朗先生与我们一道共同努力成立了艺术学系,2006年又成立了北京大学艺术学院,既培养本科生、硕士、博士和博士后等专业艺术人才,同时,又面向全校学生承担公共艺术教育任务,在二十多年时间里,我们成功地实现了三级跳,恢复与弘扬了蔡元培校长倡导的北京大学美育与艺术教育传统。

虽然改革开放以来,我国专业型(狭义)艺术教育取得了快速发展,但是相比文、史、哲等传统人文学科来讲,艺术学毕竟还是一门十分年轻的新兴学科。尽管中外历史上各门艺术早就取得了辉煌的成果,但是直到19世纪末艺术学才作为一门学科正式在德国出现。尤其是在我国学科界定时,长期以来一直没有将艺术作为一个门类,而是仅仅将艺术学作为一级学科放在"文学"门类之下,与中国文学、外国文学、传播学等并列,这种现象延续了半个多世纪,严重阻碍了专业艺术教育的发展,远远不能适应新形势下艺术教育的现状,极待加以改变。这种现实状况,使得许多专家教授呼吁应当将艺术学升格成为一个门类,总而言之,在大家多年的共同努力下,国务院学位委员会终于在2011年2月将艺术学升格成为一个学科门类,成为中国的第13个学科门类。目前,在"艺术学"门类下,包含艺术学理论(1301)、音乐与舞蹈学(1302)、戏剧与影视学(1303)、美术学(1304)、设计学(1305,可授予艺术学或者工学学位)五个一级学科。从这个时间开始,我们国家才有了自己培养的各个艺术种类与专业的学士、硕士和博士。

应当指出,艺术学升格为门类,对于专业艺术教育具有里程碑式的重大意义,它不但是我国艺术类学科建设的迫切需要,而且也是时代发展的必然要求,尤其是适应了我国文化大发展大繁荣的需求。从一定意义上讲,随着物质生活水平的不断提高,人们对于精神文化生活也提出了越来越高的要求。人民群众需要更多更优秀的戏剧戏曲作品、电影电视剧作品、音乐舞蹈作品、绘画雕塑作品等等;需要我们的专业艺术院校培养出更多优秀的导演、演员、编剧、音乐家、舞蹈家、画家、雕塑家等等。完全可以讲,文化的繁荣反映出社会的进步,文化的发展标志着人的全面发展。还有一点特别需要指出的是,从全球来看,近年来文化创意产业正在成为世界发达国家新的经济增长点。从这个意义上讲,艺术学升格为门类,培养更多优秀的专业艺术人才,既是我国精神文明建设的需要,也是我国物质文明建设的需要;既是促进我国文化大发展大繁荣的需要,也是促进我国经济发展向创新型产业发展的需要。

尤其是随着中国文化日益受到世界各国人民的关注和喜爱,我们急需培养出一大批能够将中国文化与中国艺术成功传播到海外去的优秀艺术作品和优秀艺术家。应当说,在艺术学已经升格成为一个门类的今天,我们的数十所传统专业艺术院校和数百所普通高校的艺术院系有责任推出更多具有现代艺术语言和中华民族传统文化内涵的优秀艺术作品,培养出更多具有优秀的艺术才能、精湛的艺术技巧且具有深厚文化修养的艺术家,以适应时代的需要,真正地将优秀的中国艺术作品传播到海外,传播到世界各国。

总而言之,改革开放40年来,我国专业艺术教育发展迅速,成果辉煌。随着国家对艺术教育投入的不断增加,专业艺术院校的规模不断扩大,设施不断改善,办学环境与办学条件不断优化,已经培养出和正在培养着一批又一批优秀的专业艺术人才。

三、普及型(广义)艺术教育发展迅速

与此同时,艺术教育更包括广义的艺术教育,即普及型艺术教育,也就是作为素质教育重要组成部分的美育和艺术教育。应当指出,在这个方面我国的艺术教育具有更加繁重的任务。从一定意义上讲,艺术教育作为美育的重要核心与主要途径,它的根本目标是培养全面发展的人。因此,广义的艺术教育强调在全体大中小学校中都要开展普及型艺术教育。这种普及型(广义)艺术教育并不是为了培养艺术家,而是作为美育和素质教育的重要组成部分,面向全体学生,提高全体大中小学生的审美与人文素养。

对于广大非艺术类学生所进行的艺术教育,重点是激发学生的艺术兴趣,帮助学生养成一两项艺术特长和爱好,向学生们普及艺术的基本知识,开阔学生的人文视野,通过对优秀文艺作品的鉴赏,提高学生们的审美修养和艺术鉴赏力,培养人们健全的审美心理结构。同时,作为美育的核心内容,艺术教育对人们道德的完善和智力的开发也将产生深远的影响,它可以丰富人的想象力,发展人的感知力,加深人的理解力,促进人的创造力。从这个意义上讲,许多科学家和教育家都十分重视美育和艺术教育,例如伟大的科学家爱因斯坦喜爱音乐、精通文学,他除了大量阅读文学作品外,还经常拉小提琴和弹钢琴,他特别喜欢陀思妥耶夫斯基的小说和贝多芬的音乐作品。爱因斯坦本人曾讲过,在科

代序:改革开放40年中国美育与艺术教育的发展

学领域和艺术领域里对真、善、美的不断追求,照亮了他的生活道路,对艺术的爱好,丰富和培养了他的感知力、想象力和创造力。诺贝尔奖得主、著名物理学家李政道教授1993年在北京炎黄艺术馆召开的"科学与艺术研讨会"上有一句名言:"科学与艺术是一枚硬币的两面,谁也离不开谁。"我国著名科学家钱学森先生也大力倡导科学与艺术的结合,他始终认为培养具有想象力和创造力的卓越创新人才必须依靠科学与艺术的完美结合。哈佛大学原校长尼尔·陆登庭曾经在北京大学发表演讲,当他谈到21世纪全世界高等教育面临的主要挑战和重要任务时,首先提到了"人文艺术学习的重要性"。他着重指出,哈佛大学之所以重视人文艺术学习,是因为"这种教育既有助于科学家鉴赏艺术,又有助于艺术家认识科学。它还帮助我们发现没有这种教育可能无法掌握的不同学科之间的联系"。

从总体上讲,我国广义的艺术教育自从改革开放以来有过几次重要的飞跃。开端可以追溯到20世纪80年代,我国正式成立了教育部艺术教育委员会,专门负责全国大中小学校进行的普及型(广义)艺术教育。此后是在1999年,党中央和国务院召开的第三次全国教育工作会议上,经过许多专家教授近20年的长期呼吁,第一次明确地将"美育"写进党的教育方针,强调培养"德智体美全面发展的社会主义建设者和接班人"。在此基础上,2002年教育部正式颁布了《全国学校艺术教育规程》,对全国大中小学校广义的普及型艺术教育进行了规范,该规程的颁布使得作为素质教育重要内容的艺术教育具有了法规的保障和普及的途径。当然,下一步我们还需要争取将美育和艺术教育写进教育法,使艺术教育真正成为我国各级教育的重要组成部分。

回顾改革开放40年来中国普及型(广义)艺术教育的历程,可以说是一个从复苏走向振兴、再从振兴走向辉煌的40年。我们可以把这40年的艺术教育历程大致划分为三个阶段:第一个阶段即前十多年是艺术教育的复苏时期,由于特殊的历史原因,我国艺术教育一度处于低谷,艺术教育的设施和工作条件极其简陋,师资队伍很不健全,几乎没有专项经费,整个20世纪80年代和90年代初我国艺术教育就是处在这样一个十分薄弱的状态。回忆1990年我刚刚回到北京大学担任公共艺术教研室主任时,曾经戏称当时的北大艺教是一种"三无"状态,即无编制、无经费、无场地,在这种情况下,我们的艺术教育老师们在十分艰难的状况下开展工作,终于使艺术教育开始得到学校和社会的重视,我们不但面向全体学生开设了多门全校性艺术通识课,而且由全校各个院系和专业的学生们利用课余时间组成了北京大学学生合唱团、舞蹈团、民乐团、交响乐团等等,极大地丰富了广大学生的校园文化生活。北京大学这几个学生艺术团发展至今已经有近30年历史了,后来学生艺术团还培养出目前活跃在中央电视台的两位著名青年主持人——撒贝宁和李思思,前者曾经是北大学生合唱团成员,后者曾经是北大学生舞蹈团成员。第二个阶段是20世纪90年代,这个阶段的主要任务是重点解决美育和艺术教育进入教育方针的问题,全国美育与艺术教育界的许多专家学者们为此付出了大量心血,可以说是呼吁了20年,奋斗了20年,争取了20年,在党中央和国务院的关怀下美育发生了根本性转折,美育终于被写进了我国的教育方针,中国艺术教育从此走向了全面振兴。第三个阶段是21世纪初的这十多年来,重点在抓美育和艺术教育的体系建设和课程建设,尤其是一批国家级艺术教育重点教材和理论著作的出版,大大提升了我国艺术教育(包括教学与科研)的质量和水平。特别是随着全国推行"立德树人"素质教育,以及认真贯彻德智体美全面发展的教育方针,我国开始逐步形成了从幼儿园、小学、中学到大学的一整套艺术教育体系。艺术教育的重要性日益受到重视,艺术教育的实施逐渐得到推广。

  中国高等教育学会美育专业委员会成立以来的这三十多年里,为推动我国的美育和艺术教育也做了许多的工作,简单回顾一下,至少进行了这么几项重要活动:第一,在第一任会长、已故的仇春霖校长领导下,20世纪90年代期间,我们学会依靠众多专家教授做了大量调研工作,并且提供了多份论证材料上交中共中央政治局常委、国务院副总理李岚清同志,为党中央、国务院最后决策将美育写进党的教育方针,完成了我们学会应当承担的任务。第二,我们学会同高等教育出版社密切合作,率先在国内推出一套"美育与艺术教育丛书",包括《大学美育》(仇春霖主编)、《音乐鉴赏》(王耀华、伍湘涛主编)、《美术鉴赏》(张道一主编)、《影视鉴赏》(彭吉象主编)等,其中,每一本教材都是由我们学会十多位专家教授合作撰写,所以,我们学会有将近50位专家教授参与了这套教材的编写工作。应当说,这套教材在全国高等院校产生了很大的反响发挥了十分积极的作用,许多学校至今还在采用它们作为美育和艺术教育的教材,教育部多个司、局先后分别下发文件推荐这套教材,其中,教育部高教司将其推荐为全国大学生素质教育教材,师范司将其推荐为全国师范院校指定教材,体卫艺司将其推荐为全国大学生美育和艺术教育教材。此外,这套教材还先后获得北京市优秀教学成果一等奖和国家级优秀教育成果二等奖。第三,我们学会早在十年前已经认识到职业教育的重要性,在我们美育专业委员会下面专门成立了一个职业院校美育分会,大力推动职业院校美育和艺术教育的发展。第四,在教育部体卫艺司指导下,由我们学会会长曾繁仁校长牵头,多位同志参与,专门成立了一个课题组,研究起草了《全国普通高校公共艺术课程方案》,该课题组的研究成果最终被教育部吸收到文件之中,向全国高校推荐8门美育与艺术教育课程,即《艺术导论》《音乐鉴赏》《美术鉴赏》《影视鉴赏》《戏剧鉴赏》《舞蹈鉴赏》《戏曲鉴赏》《书法鉴赏》。从以上简略的回顾不难看出,中国高等教育学会美育专业委员会从诞生、成长到发展的历史,正是从一个侧面反映出改革开放40年中国美育与艺术教育迅速发展的历史进程。

四、中国艺术教育未来的发展

如果我们把过去的改革开放40年,称之为"中国美育与艺术教育开创期"的话,这个阶段的历史任务可以说已经基本完成了。在过去的这 40 年时间里,美育和艺术教育主要是在争取自己的地位,也是艺术教育从复苏走向兴旺的时期。经过全国广大美育与艺术教育工作者多年的辛勤耕耘和不懈努力,美育已经被列入教育方针,从而确立了美育和艺术教育的地位,尤其是在素质教育越来越受到重视的情况下,作为素质教育的重要组成部分的美育和艺术教育在当今全国大中小学已经受到越来越多的重视。这一切,标志着我国艺术教育已经进入了一个崭新的时代。

中共十八届三中全会对于我国美育和艺术教育提出了更高的要求,明确提出"改进美育教学,提高学生审美与人文素养"。这标志着我国包括高等院校在内的各级各类学校的美育与艺术教育从此进入了一个崭新的历史阶段,我们可以将其称之为"中国美育与艺术教育的发展期"。应当承认,第二个阶段的任务更加艰巨、更加繁重,需要广大美育工作者坚持不懈、继续努力。这是因为在德育、智育、体育、美育这四育中,美育是最年轻的,而其他三育经过多年的实践已经形成了自己完备的体系,在教学观念、培养模式、课程体系、课程内容、师资队伍、教材建设等方面都积累了丰富的经验并形成了完整的体系。相比之下,由于美育被正式列入教育方针才只有不长的时间,在以上这些方面还存在着许多亟待加强和改进的薄弱环节,尤其是同德育、智育、体育相比,还处于相对落后的状态,需要广大美育工作者付出更大的努力。因此,对于我国美育建设取得的伟大成绩,我们必须充分加以肯定;对于我国美育建设目前的状态与面临的困难,我们也必须具有充分的认识。这样,才能使我们始终保持清醒的头脑,抓住当前美育发展的大好历史机遇,进一步加强和改进美育建设。

特别是 2015 年 9 月下发的《国务院办公厅关于全面加强和改进学校美育工作的意见》,更是需要我们从专业型艺术教育与普及型艺术教育两个方面来认真贯彻落实。这是中华人民共和国成立以来,第一次以国务院名义下发关于美育与艺术教育的文件,意义十分重大而深远。特别是这份文件鲜明地指出:"近年来,经过各地、各有关部门的共同努力,学校美育取得了较大进展,对提高学生审美与人文素养、促进学生全面发展发挥了重要作用。但总体上看,美育仍然是整个教育事业中的薄弱环节。"

专业型艺术教育方面,由于我国目前已经有好几百所高等院校设立了为数众多的艺术专业,全国在校艺术类大学生多达数十万人,特别是在艺术学正式升格成为一个门类以后,我们的五个一级学科都需要在教学实践中,努力形成一套自己完备的教育体系,在教学观念、培养模式、课程体系、课程内容、师资队伍、教材建设等各个方面,都需要积累丰富的经验并形成自己的学科体系,需要广大艺术教育工作者付出更大的努力。尤其是如何建立一个具有民族特色的中国艺术学学科体系,更是摆在我们面前的一个艰巨任务。毫无疑问,专业型艺术院校一方面需要培养出更多更优秀的艺术人才,以适应各个艺术门类发展的需要;另一方面,专业型艺术院校又需要创作出更多更优秀的艺术作品,以满足人民群众日益增长的精神文化需求。与此同时,专业艺术院校还需要大力加强科学研究,尤其是需要努力建立一整套具有民族特色与时代特色的中国艺术学理论体系,既要继承与弘扬中华民族优秀传统文化,又要借鉴与吸收外国优秀的艺术学理论成果,真正地在国际艺术学界独树一帜,发出具有时代特色的中国声音。

普及型艺术教育方面任务更加繁重,首先是要认真落实《国务院办公厅关于全面加强和改进学校美育工作的意见》,坚持育人为本,面向全体学生,以美育人,以文化人,以立德树人作为美育与艺术教育的根本任务。与此同时,国务院文件从构建科学的美育课程体系入手,要求大力改进美育与艺术教育的教学体系,深化各级各类学校的美育改革,以艺术课程和课堂教学为主体,开齐、开足美育与艺术教育课程,将课外艺术实践活动与课内艺术课程教学结合起来,将社会家庭美育与学校开展的美育与艺术教育结合起来,因为美育与艺术教育的最终目的不仅仅是教会学生各种艺术技能或唱歌跳舞,而是要通过艺术教育真正提高人的艺术修养和审美能力，培育和健全人的审美心理结构，培养人们敏锐的感知力、丰富的想象力和无限的创造力，尤其是要陶冶人的情感，培养完美的人格，高扬人文精神，实现人的全面发展。此外，我们还要充分发挥各级各类艺术院团，以及美术馆、博物馆、艺术展览馆的作用，真正做到家庭美育、社会美育和学校美育的有机结合，推进美育与艺术教育的协同创新。真正贯彻落实国务院办公厅文件所要求的："到2020年，初步形成大中小幼美育相互衔接、课堂教学与课外活动相互结合、普及教育与专业教育相互促进、学校美育和社会家庭美育相互联系的具有中国特色的现代化美育体系。"

总而言之，当前我国美育与艺术教育正面临着前所未有的大好形势，同时，也存在着许多亟待加强和改进的薄弱环节，我们要抓住大好的历史机遇，进一步加强和推进美育与艺术教育，真正实现21世纪的美育与艺术教育中国梦！

我十多年前在北京大学艺术学院的研究生汤旭梅老师，在北京联合大学辛勤从事美育与艺术教育近二十年时间，除了日常繁忙的教学工作外还潜心科研，她结合自己多年来美育与艺术教育的教学与实践，终于完成了这本《大学美育理论及其教育实践研究》，并且嘱托我作序。联想到我自己三十多年从事美育与艺术教育的历程，同旭梅一样都是在改革开放40年历史进程之中，于是决定以此文代序也，是以为序！

北京大学艺术学院 彭吉象
2018年11月22日

目 录

第一章　美的本质与美育基础知识 …………………… 1
　第一节　美的起源与发展 …………………………… 1
　第二节　美的特征 …………………………………… 6
　第三节　美的形式与形式美 ………………………… 11
　第四节　美育的基础知识 …………………………… 24
　第五节　美的实践与创造 …………………………… 28

第二章　美与审美 ……………………………………… 38
　第一节　美感的心理构成因素 ……………………… 38
　第二节　审美意识的内涵 …………………………… 53
　第三节　审美关系以及审美关系主体 ……………… 62
　第四节　个体审美能力的发展 ……………………… 66

第三章　艺术审美 ……………………………………… 75
　第一节　艺术美来源于生活 ………………………… 75
　第二节　艺术美的本质及其特征与功能 …………… 77
　第三节　艺术美的审美指导与欣赏 ………………… 88

第四章　审美范畴 ……………………………………… 102
　第一节　优美与丑、荒诞 …………………………… 102
　第二节　壮美与崇高 ………………………………… 110
　第三节　悲剧与喜剧 ………………………………… 115

第五章　审美意象 ……………………………………… 126
　第一节　审美意象的基本内涵 ……………………… 126
　第二节　审美意象的创构过程 ……………………… 137
　第三节　审美意象的两大类型 ……………………… 139

第六章 应用型高校大学生与美育 ……………………… 151
第一节 应用型高校的含义、形成背景及基本特征 …… 151
第二节 应用型大学的学生特点与应用型人才 ……… 156
第三节 应用型高校大学生审美现状及应用型高校美育的现状分析 ……………………………………… 163

第七章 应用型大学美育教育 ……………………………… 170
第一节 应用型大学美育的当代价值 ………………… 170
第二节 应用型大学美育的目标与内容 ……………… 173
第三节 应用型大学美育的原则与方法 ……………… 181

参考文献 ……………………………………………………… 186
后　记 ………………………………………………………… 189

第一章 美的本质与美育基础知识

有一位哲人说过,生活中并不缺少美,而是缺少发现美的眼睛。我们的世界充满了美,那么美是什么?美来自哪里?它有哪些特征?这些都是进行美育首先要认真研究的问题。本章将对美的起源与发展、美的本质与特征、美的形式与形式美、美的实践与创造进行研究。

第一节 美的起源与发展

美是一种社会现象,它起源于人类利用和改造自然的社会实践活动中。人的审美能力不是天生就有的,而是在后天的实践中逐渐形成和发展起来的。

一、美来源于人类的生产实践活动

劳动是现实生活的终极根源,也是美的终极根源。史前史证明,合乎规律的劳动过程、劳动动作、劳动技能等,由于能达到原始人生存和发展的目的,因此,不仅是原始人改造自然、提高生活的物质手段,也是原始人愉悦自己、丰富生活的精神享受。具有审美意义的史前艺术正是在原始人的劳动活动的基础上形成和发展起来的。

人类最初的审美意识,首先是在人类对生产工具的创造和使用中产生的。人类最早的审美体验在生产工具的创造和使用的经验之中萌生。随着人类社会实践能力的提高,人类对自然的改造在广度和深度上得到了发展,美开始从工具的实用价值中逐渐凸现出来,进而成为一种追求。人们不仅追求劳动工具的美,同时,还追求生活的美,用美的事物来装扮自己。这一点在旧石器时代晚期的山顶洞人中表现突出。原始装饰品的出现,表明了原始人审美意识的产生。

山顶洞人的装饰品是用兽牙、石珠、海蚶壳、骨管等做成的,其色彩有红色、黄色、绿色。这些装饰品都相当精致,中间均有一个穿孔,它们排列成半圆形,颇像现代妇女胸前佩戴的饰物。这说明了原始人在审美需要方面有了较大的发展。

二、美是随着人类劳动生活而发展的

美是随着人类劳动生活的发展而不断发展的。在长期的劳动实践基础上自由创造和自觉美化的产物,充分体现了美与人类实践的密切关系。下面我们从彩陶图案的来源和石器工具的改进两方面进行阐述。

(一)从彩陶图案的来源来看

从彩陶图案的来源,我们可以更清晰地把握美的发展与人类社会实践的关系。彩陶图案的来源大体有以下三种:

1. 直接反映自然形象的图形

这类图形主要包括鱼纹、鸟兽纹、花果纹等等。它们大都和当时人们的经济生活有着密切的联系,是人们在劳动中经常接触、熟悉和喜爱的对象。

2. 抽象的几何图形

这些图形大都是人们从自然和生活形象中提炼、概括出来的。比如,有这样一根波状的线条,在线条两边不规则的分布着许多点,这表示一条蛇;再比如一个长菱形附有黑角代表这是一条鱼。我国半坡类型碗上有些几何图形就是从鱼形图案中演化而来的。

3. 与生产过程相关的几何纹饰

人类在学会制作陶器之前就已经掌握了编织的技术,后来学会了制作陶器之后,就把编织物的纹样移植到了陶器上。在一开始的时候,选取的纹样比较粗糙,以后慢慢规整化、图案化了。

(二)从石器工具的改进来看

距今170万年的云南元谋人,是迄今所知中国境内最早的直立人,已经会制造石器,在遗址发现的7件石制品上留有清楚的人工痕迹,虽然只是对石块作些简单的打击,与天然石块区别不大,但毕竟留下了人类意志的痕迹。

时间走过了漫长的数十万年、上百万年,原始人在劳动中逐渐学会了通过打击,使石块的边缘出现薄刃,或者成为尖状器,使之与天然石块有了区别。这样的石器工具从材料的选择、加工的方法,到外形特性上,都更多地体现了人的自觉的、有目的的创造本质。又过了若干万年,原始人能够对石块、石片进行进一步的加工,石器工具趋于多样化、定型化,而且注意了对称、均衡、比例等等,后来越来越精细,体现了人的智慧一步步发展,创造力一步步得到了提高。

原始人对石器工具的改进,原是出于实用的需要,而不是为了美。他们把石器制成对称的形状,是为了用力均匀,便于命中投掷的目标;把外形磨得光滑,是为了减少阻力,提高砍削或投掷的速度,但是这样的加工和外形体现了人的创造本质,人的智慧和力量。在劳动实践中,原始人感到对称、均衡、光滑的工具用起来顺手,因而看起来也顺眼,"好用"也就"好看"。

当原始人认识到工具在造型上的对称、均衡、平滑等形式具有实用效能后,便会赞赏这样的形式,以此为美,渐渐地不仅在制造实用工具时追求这样的形式,而且在其他方面也追求这样的形式,于是便出现只保持了工具的对称、均衡、平滑等形式却没有实用功能的,具有独立审美价值的工艺品。例如,出土于山东大汶口的新石器时代晚期的玉斧,坚硬易碎,不可能作为工具使用,而是作为古代统治者财富或权力的象征,只具有精神享受的意义,是绝妙的美的创造。

三、美逐步走向人类的精神生活

随着人类劳动生活的逐渐发展,人类的审美意识日益觉醒,追求美、表现美逐渐成为人类精神生活的重要内容,原始艺术产生了。原始艺术根植于原始人类的社会实践,是原始人类社会生活和意识活动的反映。其主要类型有以下几种:

(一)原始造型艺术

原始造型艺术以一种物质化的形态集中地体现了人类逐渐形成中的审美意识。这里以陶器为例进行分析。陶器是新石器时代原始人最重要的劳动产品。陶器最初纯粹是为实用而制作的,或者盛放东西,或者蒸煮食物。陶器上的线条、纹饰、图案原本大都是编织泥坯时因为捆绑、拍打、晾放等原因而留下的草绳痕或柳、藤、竹、苇等编织物的印痕,并不是由于审美的需要而刻意做成的,但是原始人从制作的成功中获得了创造的喜悦,进而把这些符合实用目的和制作规律的造型、纹饰等形式当作欣赏的对象,并且逐渐自觉地加以美化,在造型上更为对称和富有韵味,甚至还采用一些人物、动物的形象,在纹饰上做成鱼纹、鸟纹、蛙纹、叶状纹、旋花纹、水波纹、方格纹、云雷纹等各种各样的图案。于是,陶器这种劳动产品也就逐渐具有审美意义,成为审美对象。上述逐渐演变的各种几何纹样的彩陶器具,便是原始人审美意识的物化形态。

（二）原始歌舞

原始歌舞是最重要的史前艺术,远古的岩画、彩陶所绘的各种舞蹈都证明了这一点。原始歌舞虽然有原始巫术的性质以及其他一些性质,但它主要起源于原始劳动。

原始劳动常常是一种需要有简单协作的繁重的集体劳动,为了提高劳动效率和减轻劳动强度,需要按照劳动的节奏规律协调各人的动作姿势,使大家能默契配合,于是,在生产实践中创造了有一定节奏的劳动号子、动作和姿势,并且逐渐定型化。这些能够提高劳动生产率的节奏、号子、动作、姿势,原始人在重复时会感到收获的喜悦和自豪,它们也就成为欣赏的对象,成为原始歌舞。19世纪的一些人类学家考察当时还残存的原始部落,发现他们的劳动和歌舞是结合在一起的。许多原始歌舞都是对生产劳动过程和劳动动作的重复,这既是一种经验的传授,又是对得到劳动成果的庆贺,再度体验劳动的欢乐和获得胜利的喜悦。于是,出于功利目的进行的劳动过程、劳动动作渐渐具有了审美意义,成为审美对象。如果原始歌舞可以称为原始艺术美的话,那么,它主要是原始劳动美的再现,而劳动美又是劳动本身的属性,是生产实践的产物。

（三）原始绘画

原始绘画也多是记载和描绘劳动对象、劳动工具和劳动场面,如内蒙古自治区的阴山岩画,刻画了狩猎、舞蹈、部落战争及天文图像等,反映了古代狩猎民族的社会生活;又如江苏省连云港市将军崖南口,有一具弧形巨石,上面刻有十幅人像与植物相连的岩画,表达了原始农耕时期的人们在生活、生存等方面的美好期求。

需要指出的是,原始人的审美意识除了反映他们的生产劳动之外,也包含了某种原始图腾崇拜和巫术礼仪观念。原始人把某类事物作为审美对象,往往还由于他们把这种事物作为图腾崇拜物。原始人的艺术活动也具有一定的巫术意义。这些都是人类早期审美意识的特点。

综上所述,我们可以知道,美既不来源于"理念"或出自"人心",也不是事物自身的性质,美是在人类的社会实践,首先是生产实践中产生的。随着人类的成长,人类的社会实践越来越丰富,越来越发展。生产劳动、社会变革、科学和艺术活动等等都是人类的社会实践的内容,它们对美的变化、发展都有着各自的作用和影响,但是作为基础的则是生产实践,正如恩格斯所说:"一切重要历史事件的终极原因和伟大动力是社会的经济发展,是生产方式和交换方式的改变。"因此,劳动创造了美,不仅是指美诞生于人类的生产劳动中,而且是指一切美都是人类的生产劳动创造的,人类的社会生产实践是一切美的终极根源。

第二节 美的特征

一、形象性

美作为形式和内容的统一,它的内容都要通过不同的外在形式表现出来。通过外在的形式,表达内在的情感,这两者统一地构成了完整的形象。

我们在欣赏美的事物的时候,总是从美的事物的形状、色彩和声音等具体形象中获得美的享受。自然界中日月星辰、名山大川、花草树木、飞鸟游鱼等等,无论是静态还是动态,都以其自然的感性形式令我们赏心悦目、浮想联翩,引起我们的美感。社会生活中的场景,如气吞山河的治河围海、惊心动魄的卫星发射、运动健儿的龙腾虎跃、儿童们活泼欢乐的嬉戏、游人花前月下的悠闲自得等等,从不同角度反映了生活的美。

大自然中,一切美的东西都是具有形象的,太阳喷薄而出、大海碧波荡漾、森林郁郁苍苍、泉水叮咚、小鸟啁啾等,这一切都有其颜色、声音、形状等感性形式,人总是通过这些感性形式看到它们、听到它们,它们有一个共同的特征,那就是具体可感的。如果离开了这些形式,美就无从谈起了。

人类社会中,最核心的美是人的美,人的美无论是身材相貌,还是心灵,也都是具有感性形式的。我们常说某人心灵美的体现不外乎语言和行为两个方面,语言是我们可以听到的,行为是我们可以看到的,因此,心灵美也并非是抽象的,而是有其具体可感的形象的,比如,我们赞扬的雷锋精神之美,就是从他平凡而伟大的事迹中所感知的,即从他的言行中所感知的。

艺术作品里的美,也都具有形象。艺术中最抽象的就数音乐美,而音乐也是非常善于"绘景"的。贝多芬就曾说过:"当我作曲时,在我的思想中总有一幅画,并且按照这幅画去工作。"作曲家把他心目中可见的"画"用音乐语言再现出来后,当人们欣赏它时,在头脑里就可能相应地产生各种各样的形象,感受到音乐中的某种"画面性",如贝多芬的《第五交响曲》中"命运"的形象就属于此。贝多芬在乐曲中用"敲门声"来刻画"命运"这个"形象"。

二、感染性

感染性也是美的特性之一。人们常说:"意美以感心,音美以感耳,形美以感目。"美的事物直接作用于人的感官,使人们在精神上得到审美愉悦。

当我们走进流水潺潺、鸟语花香的山野,灵魂会变得清爽,心里有唱歌的欲望;当我们登上岱顶,观赏日出云海,我们会惊叹于大自然的奇伟博大;当我们看到五星红旗在国歌声中冉冉升起、奥运健儿手举金牌热泪盈眶的场景,我们的内心会情不自禁地升腾起作为中国人的自豪;当我们聆听施特劳斯的圆舞曲《蓝色多瑙河》,我们会联想到美好的季节、宽阔的河道、欢快的泛舟场景,从而产生对于幸福美好生活的无限向往;当我们阅读《红楼梦》,

会流连于大观园的世界,与各色人物同欢乐,共悲伤……

既然美的存在是具体的、形象的,因此,美首先诉诸的是人的情感而非人的理智。换句话来讲,我们在欣赏事物的美的时候,并不是先从理论上知道它是美的是值得欣赏的,而是有内心深处由内而外产生的一种情感上的冲动,在精神上获得愉悦和满足。

美的事物之所以可以给人以愉悦感和感染力,不仅仅是因为它有美丽的、悦人的外表,还因为丰富的内涵充实了美的形式。马克思说:"我在我的生产中物化了我的个性和我的个性的特点,因此我既在活动时享受了个人的生命表现,又在对产品的直观中由于认识到我的个性是物质的,可以直观感知的,因而是毫无疑问的权利而感受到个人的乐趣。"马克思的这段话明确地指出,对象所以能成为审美对象,进而触发人的审美情感,最本质的原因在于它是人类劳动的产物,这个对象的产生是人的本质力量的体现。从这一对象的创作过程中,人们感受到了同样作为人类的作者的创造才能、生活经验,进而感受到了人类的本质力量;从这一对象带来的美感上,人们体会到人类本质的崇高。因此,在这个意义上,美是人的本质力量的感性显现。

美的事物是内外统一而成的。具体而言,美的感染性是其外在形式和内在本质共同作用而成的,如果美的内容空洞,美的事物就无法打动人;如果美的形式不存在,那么美的内容就无法通过有效的途径来感染人。

三、社会性

自然美是在人类社会出现后才产生的,其根源是人类的生产劳动实践。自然美具有社会性质,本身包含了人的本质对象化,它是一种"人化的自然",自然或自然物的属性因此变成了对人类实践有用、有利、有益的属性,包括审美属性。这种审美属性才是自然物之所以美的一个因素。因此,我们判断某一自然物美不美,是依据它的社会性不同,与人类生活关系的不同,它在人类生活中所占地位、所起作用的不同。太阳赐予人类以光明,因而是美的。可见,自然美的社会性是人类劳动生产实践所赋予的,是人类社会的产物。随着人类实践不断向深度和广度进军,人化自然的领域不断扩大,自然的社会性日益丰富,自然美领域也不断扩大,自然美也日益丰富多彩。

自然美最初是与它的直接功利性质连在一起的,自然美的功利性是十分明显的。与功利性无关的自然物,与经济生活没有联系的自然物,在原始人心目中是没有地位的。原始人最初的巫术礼仪活动、原始歌舞、绘画、音乐,多以对于他们有用的动物和植物为题材内容,如野牛、山羊、种植的谷物,而今天看来很美的山花野草并没有进入他们的视野,原始人的美感经验也是直接与自然物的物质功利紧密联系在一起。随着人类实践活动的不断扩展深入,人类审美意识的觉醒,一些并不具备物质功利性的东西渐渐地也成了人们审美的对象。

自然美有其社会性。人是社会的主体,社会生活的美以人为核心。艺术美由人创造,所表现的也是人的生活、人的情感。即使是自然事物的美,也蕴含着人类的创造性,这是因为自然事物的美需要由人来发现、欣赏。自然美在于它的自然属性同人类生活劳动的实际联系,而且自然事物的审美价值离不开人的欣赏,离不开人欣赏中的创造性发挥,如想象、移情等。

四、功利性

美的功利性,是指美的事物的价值,是与美的社会内容联系的内在属性。一般认为,美是用来欣赏的,跟人的实际需要没有什么关系,是超功利的存在,但是在实际中,美是具有社会功利性的,其社会功利性不是直接可以观察到的,而是隐藏于其表象之后的,是很难直接感受到的一种内在属性。

美的功利性蕴含在审美活动之中。美在产生之初是被人们等同于实用功利的,因为其一开始就产生于实用功利。后来,随着社会的不断发展和人们认知的增加,人们逐渐将美和实用功利分开来,但没有改变的是,美始终是受到实用的制约的。

美的功利性根源于人类的物质需求。因此,在感知自然美与社会美中美的功利性较为明显,而在欣赏艺术美时美的功利性往往是被遮蔽的,这是因为人与自然、人与社会的关系有直接的物质性,而艺术美的物质性通常是间接的。

五、创造性

美的创造性突出表现在美是创新的产物。因为美来源于人类自由自觉的实践活动,是人的本质力量的感性显现,而人类自由自觉的活动总带有一定的创造性,也只有创造性的实践活动的过程及结果才是美的。这在社会美和艺术美中表现得十分突出。人的社会生活,总是在新与旧、正确与错误、革命与反动的斗争中不断向前发展的,它有一个除旧布新、推陈出新的辩证过程。一切旧的、错误的、反动的东西,不论怎样气势汹汹,一旦违背了社会发展的规律,便没有什么美可言,终将被人唾弃、被历史淘汰。只有那些新的、正确的、进步的、革命的事物,因其符合历史发展规律、富于创新性,才能成为人们所欣赏的美的东西。

任何一部艺术作品的审美价值,一定要有创造性。真正美的艺术品,一定是独特的,反映出艺术家对于世界和人类的深刻体验。从形式上,必须比前人有所突破,不能重复别人。艺术史上,凡是大艺术家,在艺术风格样式上,要敢于独创,另辟蹊径。画家齐白石有句名言:"学我者生,似我者死。"他认为在前人的基础上,要虚心学习,不断创新,一味模仿前人,他的艺术就会失去生命之根。这点体现了美的创造性。

第三节 美的形式与形式美

一、美的形式

(一)美的形式的特性

1. 美的形式和美的内容具有统一性

美的内容决定着美的形式,然而,美的形式并不总是处于消极状态,它具有自身的能动性和独立性。当它的这种特性与美的内容相适应的时候,就能恰当地表现美的内容,并激发内容美的不断进步,从而增强美的感染力。反之,过分强调美的形式,就会导致内在与外在不符,空洞而缺少意义,削弱美的感染力。

2. 美的形式具有稳定性

与内容美相比较而言,美的形式比较稳定并且呈现定型化的状态。美的形式直观生动地体现该事物美的性质和特征。美的形式是具体的,无论它是否适合美的内容,却总是以各种状态与美的内容保持一种联系,始终依托于美的内容,也会积极地影响美的内容的改善。美的事物中一定含有具体的美的内容,及其与之对应的美的形式,它们是一一对应的关系。形式美是指美的形式的共同特征。形式美是抽象的,它是由一定的自然物质材料按照一定的客观规律组合而成的审美本体,并且是由美的形式总结、发展而来的,是脱离了一定具体内容的、带有某种普遍意义的东西。

(二)美的形式的功能

美的形式在欣赏美和创造美的过程中具有纽带功能。尽管美的形式表现的美是间接的、朦胧的,但是,人们在欣赏美的时候总是最先感受到形式的美,如果说创造美是由内容向形式的过渡,那么美的欣赏则是由形式向内容过渡,所以,美的形式在欣赏美的过程中起到桥梁的作用。

二、形式美

(一)形式美的产生

形式美的产生不是由自然的美的形式演变而来的,它是人类在长期的社会创造中发现并概括总结出来的。人类最初的创造是以实用为目的的,有用的往往就是美的,这时,美是与实用结合在一起的。可是随着创造美的经验的增长,人们渐渐摆脱美的最初实用意义,而是更关注撇开实用价值的美的形式,当美的形式被人创造性地组合使用时,形式美就变得非常重要了,它是美的内容得以表达的重要途径,所以,探讨形式美的问题,离不开人类初始文明的艺术状态。

1. 从出土的石器和陶制品看形式美的产生

从石器时代的石制工具能够看出形式美的产生。通过出土的不同时期的石制工具,我们能看出事物的形式是不断进步和完善的。旧石器时代石制工具粗糙,带有人的意志的形式特征不十分鲜明。到了新石器时代,石制工具使用价值更大,其形式特征也有了很大改善,如中国的新石器时代晚期的大汶口文化发现的有孔石斧、石刀,不论从形状、规则,以及外观形式上的光滑、匀称来看,这些特征既体现了人的意志与客观规律的结合,也体现了人类对形式规律的认识与运用。

通过大量出土的陶制品及其他艺术品,可以窥见当时人类的生产、生活状况,也可以了解他们创造美的状态及其审美水平。在原始社会里,人类的创造活动是自由的,他们在有限的生产、生活范围内驯养动物,发现草药,采摘野果种子或栽种生活中可用可食的花草等植物。人们对自然了解得越多,其生存的环境也不断扩大,也就为生活提供了更多的物质财富。当人们熟知这些生活形象并掌握了它们的存在特征时,就开始提炼有代表性的形式并记录它们。人们的记录方式多采用画象形图案的办法,有的画在洞壁上,有的画在陶器上,有的画在兽骨上,其目的是为记忆或表达其美的感受。

从多种多样的陶制品可以看出,人们已经开始自觉地运用形式美的规律去塑造形体,如对称、光滑、和谐,以及色彩调配、装饰图案等。

2.从早期人类服饰的出现看形式美的产生

从美学意义上讲,装饰品的最初用处是为了计算猎获野兽的数量的,比如用野兽的牙齿穿成的项链就是如此。当人类征服自然的能力增强的时候,越是尖利的牙齿证明野兽越凶猛,猎获它的人就成了部落中的英雄,此时,野兽的牙齿有了象征的意义。随着人类审美水平的提高,这些器物渐渐摆脱了最初的作用,人们可以把它们做得很漂亮,有石珠、兽牙、海蚶壳等,颜色有红、黄、绿等,相映成趣。这里面处处体现人类创造美的同时,也创造了与美相适应的形式美。

从各种陶制品的图案到《尚书》中的百兽率舞,表明中国很早就进入了以服饰、面具为主流的时代。这些面具、服饰加宽加大,超越了人体自然比例;面具加宽加长,装饰繁多,色彩、线条、图案等的审美功能得到很大发挥,比如由原始的"巫"发展而成的朝廷冕服,明显脱胎于原始服饰、面具。其冠的扩大增加了头部的视觉效果,还用五彩串和五彩玉装饰冠的前后;冕服上绣日、月、星、龙、火等十二种图案,又称十二章。同时,还有各种革带、大带、鸟等系列配件。在图案的装饰内容里,力求平面效果,甚至把本来具有立体效果的图案尽量转化为二维。冕服的图案设计着眼于人们实际穿着时的效果,服饰的纹理在人身上自然重叠,气韵生动。服饰的艺术设计融平面性、图案性、线条变化性、色彩丰富性于一身。尽管这种服饰是权利等级的象征,但是能够看出,人们早就开始取实物的形象幻化成与之相吻合的形式来创造美和表现美。

(二)形式美的构成

1. 声音

声音的物理本质是由物体振动所引起的一种声波。人类听觉所能感受的是每秒振动频率在 20—20000 赫次之间的声波。与形状、色彩一样,声音也是物质材料的自然属性,但与之所不同的是,声音通过听觉感知而影响欣赏者的心理。

声音包括现实世界发出的一切音响,如自然界的风声雨声、鸟鸣兽吼、水流物碰,乃至人的声音、车的声音等,但是并非所有声音都具有审美价值。在我国古代,声、音、乐三者是有区分的:"声"指自然界中的原始声音;"音"则为人类所独有,是人类表达情感的方式;"乐"是经过艺术加工创造的艺术。在现实生活中,各种声音不同程度地影响着人们的情感变化。不和谐的巨响或某种突发的响声使人紧张或者烦躁,这类声音我们称之为噪音。它是因为物体不规则振动而引起的,如果长时间受到这种声音困扰,就会损害人体健康。噪音的特性不是绝对的,如果我们能把握其长处并加以合理使用,噪音也同样可以为我们服务,如音乐中适当使用锣鼓,会增加大悲大喜的气氛;有些噪音还能为其他艺术形式服务,如电影电视剧中的特定情节,就可以使用噪音或其他不规则的、不和谐的声音,以此来渲染危险或滑稽的场面,烘托剧情并达到我们的审美要求。当物体有规律振动并按次序发响的时候,就会产生乐音和对人类无害的日常声音(说话声、脚步声、欢笑声等);其中,乐音按一定规律组合起来,就会创造出优美的音乐。乐音的表情性十分鲜明,当低沉、缓慢的,纤细、微弱的,优美、流畅的,或轻快、跳跃的音乐旋律响起时,人们的感情就会受其影响而产生变化。由于审美水平的差异,感情变化的程度深浅也不一样(但是个别的无感觉和错觉现象不放这里研究,这里只作普遍的一般性的探讨)。

在声音的特性之中,情感功能最鲜明的是音乐。音乐的情感内涵非常丰富,在许多艺术形式中,它具有突出的表现情感的优势。它是人类艺术创作才智的体现,音乐的思想与人类是同步的。人类的思想具有无穷多样性,音乐的思想也具有无穷多样性,其表情变化同样丰富多彩。

2. 色彩

大自然中的色彩非常丰富。色彩具有独立的审美价值。色彩能够被感知主要依赖视觉。人类通过长期的观察和对比,总结出色彩具有表情性,而且每种色彩的表情性在生活中逐渐被人们习惯和认可。

色彩有两类:一类是天然生成的,这种色彩有些是长时间不变的,有些是不断变化的,如石头、土地、海水、星光、月光等等;有些事物由于本身生理的特殊性,或者因为受到自然界的影响,在不同的时期呈现不同的墨绿,如树木在生长期呈现葱绿、苍翠的色彩,花草呈现万紫千红,然而在休眠期和凋谢期,大部分植物呈现枯黄的色彩等等。另一类是人类通过一定的技术提取出来的颜色,它依照大自然为样本,比大自然更加丰富,它被应用于生活的方方面面,如服装、绘画、建筑等等。

人们面对不同色彩,内心会产生不同的情感反映,因此,色彩常常被分成冷色调、中性色调和暖色调。一般黑色、灰色、石青等色彩,看起来庄重、沉着、冷静,有冷硬之感;中性色调有白、蓝、绿等,它们对于视觉来说清爽、悦目,绿、蓝运用于某些造型中象征和平、安宁与友谊,如大海与和平鸽等;红、橙、黄等色彩属暖色调,其中,红色的表情性尤为突出,红色如火,热烈而跳跃,常常让人感到激动、兴奋。

色彩的表情性和象征性不是固定不变的,通常状况下的表情意义在特殊的条件下会发生很大变化,如黑色在工作和会议中象征严肃、庄重,而在葬礼上象征肃穆、悲痛。绿色在自然中悦目而清爽,但在食物上有时候表示腐烂。红色的喜庆意义在特殊情况下会表现完全相反的表情性,在艺术形式中应用会收到极佳的艺术效果。白色在日常生活中整洁、干净,给人以安然、素净的感觉,在婚礼上取其神圣、纯洁的意义,所以,新娘要穿白色婚纱。另外,在中国绘画中常常用到白色,除了作为色彩被用到纸或画帛上以外,它还有一种特别的用法,就是中国画中的"留白"。中国的山水画比西方的油画更追求意境美,特别注重天人合一,常常是一叶小舟,一翁独钓,云水浩渺,深远处不着笔墨,大片的留白处理,使得画面飘逸、空灵,独具天人合一之美。

3. 形状

形状是物体存在的空间形式。形状主要由线、面、体组成。

线条是构成物体形状的基本因素。线条是由无数个点构成的。各种物体都包含着形态不同的线条和由不同的线条组成的各种形态,不同形态的线条具有不同的表情意义。直线有刚直、向前、向上的意义,垂直线挺拔,具有穿透力。折线是一条直线突然改变方向,有转折的意义;直线表情直爽,折线表情有突变性,这两种线条的表情意义都比较生硬、直接。曲线也叫波浪线,相对而言波浪线具有流动性,迂回向前,看起来婉转、柔和,给人以韵律感。同时,曲线具有朝不同方向运动的特性,能够引导人的视觉追寻它的踪迹和影像,尽管它并没有真的动起来,但视觉上似乎认定是在运动和变化。某些线条特定的表情性的有关知识和经验,是人们在生活中逐渐积累起来的,但是,在不同的事物上使用哪种线条,要根据实际情况。不能因为曲线是优美的,就过多地使用,不要一味地直,也不要一味地曲,否则会让人觉得千篇一律而失去美感。直线和折线恰当使用,同样会取得美的效果,如欧洲的哥特式建筑就大量地使用直线和斜线,使它们相交成尖角,这些尖角直指天空,有向上升腾的气势,被称为最伟大的、最优美的建筑。在教堂内部多使用圆滑曲线，神像的衣着宽大，纹理流畅，各处的曲线装饰显得富丽、典雅。另外，曲线能营造超过实际的空间感，引导人的内心向上，向往天堂。在中国，建筑的外部及内部构成大多使用直线、斜线和折线，整体看来大方、朴素、稳重、规整，符合中国人的朴素主义、自然主义人生观。

面是线的扩大，体是面的架构。体给人的审美感受大致同面相似，现实中的物体虽然大多由体构成，作用于人视觉的形象却多以面出现，如绘画、摄影中的景物，但由于一个体的构成往往包含着许多种面，体给人的美感比面更加丰富深刻。巨大的形体给人以壮观、威严之感，而小的形体会让人觉得灵巧、可爱，但是，这些形体的使用要适当，过多使用巨大形体有时会显得笨重、迟缓；过多使用小的形体也会显得小气，令人的视觉感觉不舒适。只有把这些单一的、具有表情性的大小不一的角体、锥体、方体、梯形体根据其存在环境进行组合使用，才显得完美、和谐。

（三）形式美的规律

1.单纯齐一与反复

单纯齐一与反复，这种规律直接明了。在单纯美中，感性形式因素单一，一般不含有其他对立的形式因素，其存在方式很少变化或无变化，例如冬天里辽阔的冰雪世界，无边无际蔚蓝的大海，深远、碧绿的庄稼等，都给人以开阔、直接、畅快的美感。单纯齐一的颜色、形体、声音的特点表现为一致和重复，给人一种秩序感。再如等距秧苗、成排树木、教室座椅、仪仗队列、二方连续的花边纹饰、古代律诗的整体外观、连续鸣放的汽笛声等。单纯齐一能体现一种统一有序的美，但因缺少变化，不免显得单调、沉闷，所以，它在形式美中很少单独使用。

反复是指感性材料按一定规律完整地再现，其排列方式单纯，给人以清晰、完整的印象，与单纯的规律相比趋于变化。齐一也是整齐划一，在社会生活环境和自然环境中，都会感到这种整齐划一的美的形式的存在。一块蓝白相间的南方扎染布,简洁、抽象的条纹图形,看起来清爽宜人;在黄土高原上一座座高耸的山峰与一条条低凹的深谷,交替出现,它们像巨笔画成的一样,极有韵律感。

2. 节奏和韵律

我们把事物运动过程中有规律的变化称为节奏。节奏在自然和生活中随处可见,日夜更替,寒来暑往,花开花谢,潮涨潮落,波涛起伏等,都有一定节奏。人们的饮食起居、劳动生活、生命运动也都充满节奏。

经过长期人类历史实践证明,节奏在人类社会生活中起着相当重要的作用,特别是生产力水平低下的社会里。当人类的生产力很薄弱的时候,音乐的节奏具有无与伦比的调解和凝聚的力量,它能使人们在付出力量和智慧的同时释放真挚的情感,或是高昂的,或是悲哀的,或是细腻、婉转的,因此,它常常伴随人们整个劳动过程。

艺术同节奏的关系则更为密切。节奏是音乐、舞蹈艺术的核心。诗也讲究分行、分节、抑扬顿挫的音韵美及情感流动的内在节奏美。建筑也讲究节奏美。我国建筑学家梁思成分析北京广安门外的天宁寺塔的结构,从月台、须弥座、塔身、塔檐、尖顶分成几个层次,每一层次之间都保持一定的距离间隔,参差错落,自然和谐,成为一种凝固的节奏。

同节奏相关的是韵律。韵律实际上是节奏律动产生的一种美,例如一般的广播操只具有节奏美,而韵律操则不仅具有节奏美,还于节奏中显示出青春气息和时代色彩。又如中国的天坛和欧洲中世纪的哥特式建筑,前者为层层盘旋向上的节奏,后者为尖顶直立向上的节奏,体现出不断升腾的韵律感。

3. 对称与均衡

对称与均衡是现实生活中事物的两种常见的状态。

第一章　美的本质与美育基础知识

　　对称是指以一条中轴线为中心,它的平面或立体方位(上、下、左、右)上的事物平均相等。有人对自然现象和人体生理现象进行研究,并得到大量关于对称规律的丰富资料。自然界中许多物质都自然地表现出对称的规律性,例如构成矿物质的晶体都具有对称性,有角对称、面对称等,还有各种树的叶子也具有对称性,有互生对称、轮生对称、对生对称等。在人体生理现象中,外部或内部器官多呈对称状态。有人认为,人们对于对称规律的经验,首先来自自然或生物生理的现象,它能向人们传达均匀、稳定的美感。这种规律在生产、生活中很早就被广泛应用,如早期的石器石铲、玉斧造型,陶罐两侧的环形装饰和罐体上对称的动植物图案。这种规律的应用,体现了原始人朴素而愉快的审美情感,同时,也体现对称规律在原始社会中的价值和意义。迄今为止,我们的生产生活中仍然不能缺少这一规律,而且还扩大和发展了它的应用范围和审美意义,如建筑、交通工具、生产用具等。

　　均衡是指两侧或其他方位上的事物量上大体相当,但形体不必相等。均衡主要包括下列几种类型:其一,对等平衡,即指两侧的物体等量不等形,离中轴线距离相当,例如年画中的寿星像,寿星的两侧,一侧是童男,一侧是童女,就属于对等平衡。其二,重力平衡,即重物与轻物因与支点的距离不同而保持平衡。重力平衡在绘画、书法及盆景艺术中运用较多,例如五针松盆景,左侧松枝略高,右侧松枝略低并向外延伸,两侧虽不同形,在量上却很接近,给人以美感。其三,运动平衡,顾名思义,是指平衡不断被打破又重新形成,例如钟摆、跷跷板等,即属于运动平衡。这种平衡在造型艺术中也很多见,比如我国汉代铜雕——马踏飞燕,马的三条腿都腾空而起,只有一条后腿踏在一只飞燕身上,整匹马呈现出一副奔腾的气势,充满动感。按常规,一条腿的支点很难撑住全身,但由于飞马倾斜的角度和前后身体的重量、比例较为均衡,所以,能给人以稳定的平衡感。

　　对称这种存在方式常常表现为稳定、平均,如用于大型景观建筑中,能够展示其壮观、威严、大气磅礴的外观。在生活中,有很多小型事物也运用或自觉地符合这一规律,但是,如果使用过于频繁就会显得呆板僵化,同时,也就失掉对称美的价值。均衡这种存在方式富于变化趋向于动态,能够为审美对象本身创造很大的想象空间,适当运用它会使事物显得生动、活泼,具有流动感。

4. 比例关系

比例是指事物的整体与局部以及局部与局部之间的大小、长短、高低、粗细等方面搭配得当、协调和谐。比例关系的和谐,就是我们平时所说的"匀称"。宋玉描写东家之子的美所说的"增之一分则太长,减之一分则太短",就是指其身高与体态比例的恰到好处。

物体存在所遵循的比例关系有两种:一种是空间比例,一种是世间比例。然而,对于不同属性的物体来说,因为其倾向世间和空间范围的程度不同,所以,每一种物体遵循的比例也有很强的倾向性。雕塑、建筑、大山、江河等有形物体所表现的空间比例的特点突出,常常带有大小多少、尺寸长短、质地软硬等特性。古代画论中有"立七、坐五、盘三"的观点,而且在古代山水画构图时,讲究"丈山、尺树、寸马、分人"的画面比例原则。

西方人在比例关系上特别推崇"黄金分割律"。所谓"黄金分割律",就是整体与较大部分,或较大部分与较小部分之比分别为1.618∶1及1∶0.618,大致是8∶5。黄金分割律的运用十分广泛。人们日常的生活用具,如镜框、书籍、挂历、国旗、影视屏幕、家具、台座、器皿等,凡是长方形结构的,大多采用黄金分割律。各部分之间符合这种比例关系,就会给人和谐悦目的感受,比如人体,躯干与身高的比值愈近0.618,就愈会给人一种美的感觉。据说,古希腊女神维纳斯塑像的躯干与身高比恰好是0.618∶1,因而被认为是最优美的身段。

当然,黄金分割律并不是美的唯一的形式,在现实生活中还有大量美的事物并不采用这一比例,常见的如纪念碑、剧院大门、方桌、大衣柜等。甚至在一定的情况下,比例不合度,也可构成一种具有特异风格的形式美,如奇峰怪石,虽不合比例,却另有一番意趣。

5. 主从对比

主从对比是指两部分各自处在平等的位置,但主从之间一定有所区分,犹如众星拱月,万绿扶红。主从映衬手法在艺术创作中的运用也十分普遍,例如,小说中有主要人物和次要人物,绘画中有前景与背景,乐曲中有主旋律与和声,宫殿建筑中有主殿和配殿,它们都把主体部分置于最鲜明、最醒目的位置,从而体现出核心感及整体的层次感。

对比是把属性特征完全不同的事物放在一起,具有活泼、醒目、跳跃的特点。当人们面对这类事物的时候,精神会为之振奋。在生活当中,为了让某些事物更加引人注意,人们经常使用这个规律,例如商店、宾馆的招牌往往会显得很醒目,还有色彩鲜明,形象、夸张的大型广告等等。

对比是艺术创造的重要手段,像"江碧鸟逾白,山青花欲燃"(色彩对比),"野径云俱黑,江船火独明"(明暗对比),"明月松间照,清泉石上流"(动静对比),"池花春映日,窗竹夜鸣秋"(时间对比),"户外一峰秀,阶前众壑深"(空间对比),"朱门酒肉臭,路有冻死骨"(豪门和百姓的贫富对比),"林黛玉焚稿断痴情,薛宝钗出阁成大礼"(文学作品中的情节对比)等,随处可见。

6. 多样统一

一般指多种差异性因素或多个和谐的因素生动而又有序地统一在一个整体之中,丰富而又融合,在变化中求统一。这一规律是人类在长期的实践中总结和创造出来的,它是高级而又复杂的形式规律。

多样统一的形式在自然和生活中十分常见,例如蓝天白云、远山近水、桃红柳绿、莺歌燕舞等,构成一幅明媚祥和的春之图;

新衣美食、对联年画、烟花鞭炮、舞狮舞龙、走亲访友、短信贺喜等,共同营造出春节喜庆的气氛。艺术创作特别重视多样统一法则的运用。交响乐的演奏中,各种乐器、各个声部、各个乐段等协调配合,合奏成一组辉煌壮美的乐章。山水画的创作,要求在整齐中有变化,千岩万壑,要形态各异;重峦叠嶂,要起伏有秩。插花艺术中也讲究多样统一,既不能太多,也不能太少,高低疏密,参差错落,要搭配得当。多样统一包括两种基本类型:一是调和,即多种非对立因素相辅相成,协调一致,例如色彩中反差极大的颜色或者相邻色,配在一起却协调有致。音乐中的和声,几个音按谐音原理搭配同时发声,悦耳动听。二是比照,即各种对立因素既相反又相成,平衡统一,例如安格尔的《泉》,幽暗的背景和明亮的人体、动态的泻泉和静态的站姿之间的鲜明对比,增强了画面的美。

多样统一规律是其他各种形式美规律的综合运用,多而不乱,有序又丰富,如和谐的生机盎然的大自然、绚丽奇妙的星空、侗族的无伴奏多声部合唱、敦煌的彩绘壁画等等。

形式美的法则凝练了艺术作品在形式上的共同特征,对形式美的法则详加探讨是为了推动美的创造,达到美的形式与内容的高度统一。美的事物是不断发展的,所以,形式美的法则不是固定不变的,它是随着美的变化而变化的。更好地掌握形式美的法则是为了提高创造美的能力,运用恰当的形式美规律能够加强美的事物的艺术表现力。

(四)形式美的审美意义

1. 促进生活美化

在现实生活中,无论是生活环境的美化,还是日常生活的美化,无处不涉及形式感,无处不创造并应用着形式美。大到社会物质生活环境,如城市街道的规划,村镇和农田的改造,花园、公园的建设等,小到家庭生活环境、校园环境、工作环境以及商场、娱乐场所等的美化活动,都具体地应用着形式美的诸要素和规律。了解形式美,欣赏形式美,对于美化环境、美化生活,有着重要的意义。

2.促进艺术创作与欣赏

艺术形式在艺术的创作与欣赏过程中起着重要的桥梁作用。艺术创作大都是以形式感和形式美为基础进行的,例如诗要讲究韵律和节奏的美,雕塑研究结构的样式化的美,绘画要讲究色彩与线条的美,演员讲究形体动作的美等。人们对艺术美的感知不能仅仅停留于感性知觉,只有认识到艺术品的形式法则才能通达它的内涵。所以,加强形式美育,能促进审美主体艺术形式美感的形成,有助于艺术的创作和欣赏。

3.促进工业设计

形式美的创造是工业产品设计的重要方面。现代社会生活的发展要求现代工业产品必须是集功能、物质技术条件、造型形象三者为一的有机结合体,是实用、经济和审美的统一体。产品形式美的创造在工业设计中具有特别重要的意义。产品的形式美主要指由线条、块面、质材、尺度、比例、节奏、韵律、量感、色彩等有机统一所形成的整体形象美。加强形式美育,建构起对事物的形式美感,将有助于产品的形式美的创造。

三、美的形式与形式美的关系

美的形式是美的内容赖以存在的方式,一般人们把它分为内形式和外形式。内形式是美的事物内容各要素的有规律的组织结构,它与美的内容直接发生联系,如一座雕像,雕刻家创造性地把自己的构思渗透在雕塑材料之中,通过运用一定的规律,使雕塑作品的各种材料与各部分内容之间统一地表现出来,如大理石、铜,还有现代雕塑所用的钢筋水泥等材料,它们或单一或混合在一起构成作品的各部分具体内容的形象,它们构成形象的内形式。它的外在形态则表现为色彩深浅、光影明暗、线条曲直、形体的大小、质地的刚柔等,这些因素都是事物的外在形式。

内形式相比外形式更为抽象,体现事物非感性内容的架构。外形式表现为与内容的间接联系,具有较强的独立性和自身的规律性,如有些事物内容较好或一般,形式却很完美,这类的形式往往使人忽略其内容的存在,仅仅从形式上就能体会到足够的美,如中国古代的诗词格律,其中内容不断更换,但它的形式,也就是指它的外形式作为它最独特的美学特征至今仍保持着。

第四节 美育的基础知识

一、美育的内容

美育就其内涵来说,也称为审美教育。它是指用美的事物对受教育者进行教育,使其身心育而美之,成为全面发展的人的教育。我们平常所说的美育主要是指审美教育。审美教育的内容是极为广泛的,但归纳起来主要有以下几个方面:

(一)娱乐教育

人们在日常的生活中一般都在从事两件事情,一件是工作和学习,另一件则是娱乐和休息。二者是存在紧密联系的,要想学习好、工作好,必须休息好、娱乐好。寻求娱乐,是人的自发要求,但生活中的娱乐各有不同的性质。有的对人的感性和品性起净化、美化作用;有的则起腐化、退化作用。在娱乐生活中,如何抵制或反对低级趣味,并且引导和培养人们健康的爱好、情趣,这是审美教育的一个重要内容。

(二)情感教育

美是和情感体验联系在一起的,美不美,就在于能不能唤起人们的情感体验。我们见了美的东西,总是向往、迷恋、一往情深。情之所钟,有执着,有追求,爱我们之所爱,恨我们之所恨。

感情虽然不会给我们带来实际的物质利益,但它却点燃了人的生命火花,把人推向高尚的境界。无情往往与无意相联系。无情之人不可能有义,当然,也不能有高尚的思想品质。审美教育就是通过对于美的热爱来培养人们高尚的情趣,使人们不仅懂得美,而且喜爱美。在对于美的热爱、追求、向往过程中,又陶冶和锻炼了人的感情,这是审美教育一个重要的内容。

(三)艺术教育

审美教育的方式、方法很多,但最集中的还是落实到艺术教育上。这首先是因为艺术与自然、社会等其他审美来源相比,审美素材最为集中,在教育实践中有天然优势,此外,更重要的是艺术源自人的创造,最能体现人的崇高本质和创造力。如果离开了艺术来讲审美教育,就像离开了阳光来讲植物生长一样。因此,在审美教育的过程中是不能没有艺术教育的。

(四)人品教育

人应当珍惜自己的人品。失去了人品,就失去了自尊自爱的权利,也就失去了独立性和自主性,那就没有什么价值可言了。人品的形成,是通过多方面的教育,不断加强自身文化与道德修养的结果。在人们的爱好和娱乐中,在待人接物中,在艺术欣赏中,不知不觉地把人塑造成具有不同人品的人。自己的形象要靠自己去塑造。塑造什么样的形象,要看自己有什么人品。世界是公平的,对每个人来说,及深者深,及浅者浅,愿白者白,愿黑者黑。在这深浅黑白之间与审美教育有着内在的逻辑关系。因此,人品教育是审美教育第四方面的内容。

二、美育的任务和意义

(一)美育的任务

美育的基本任务是以马克思主义美学思想为指导,通过审美教育帮助人们树立正确的审美观、价值观、人生观,培养具有完美人格的人。它的具体任务包括以下四个方面:

1. 培养正确的审美观

审美观是世界观、人生观的重要组成部分。它是人们在长期审美实践中形成的个性化的认知方式。它直接指导和制约着人们的审美实践和创造美的活动。因此,培养正确的审美观是美育的首要任务。

爱美是人的天性,但一个人的审美观和审美能力却不是生来就有的。审美观念,是一种社会意识形态。不同的经济基础、不同的社会存在,会有不同的审美观念。

马克思主义美学理论认为,正是由于社会生产的实践,所以才有了人类劳动创造的客观世界的美,从而产生了作为实践主体的人的审美意识。所谓人的爱美天性,只是指人对美的一种意向,而一个人要真正懂得美和美的创造,最终决定于社会实践。没有实践,这种"天性"永远是一个未知数。这种实践,一方面是对正确的美的知识的摄取,另一方面是对美的创造。

马克思主义审美观以辩证唯物主义和历史唯物主义为基础,是最先进的审美观。它的基本观点是"劳动创造了美",肯定了美的根源在于实践,美是人在实践中力量和智慧的显现。

2. 提高审美能力

审美能力有两个层面,其一是欣赏不同门类、风格艺术作品的能力,其二是善于在艺术之外(即生活、自然之中)发现美的能力,这种能力的获得需要文化知识和艺术修养的长期积累。

审美能力的提高离不开审美经验的积累,也离不开审美感受能力的培养。审美感受能力是人们欣赏和创作的基础。此外,更高层次的审美能力还需要充分的审美想象力。

3. 培养审美创造能力

培养审美创造能力需要从两方面入手。首先,培养审美理想。审美理想是人们对于物质世界和日常生活的超越性的感性追求,它是人们审美社会实践经验的升华。审美理想不仅可以塑造正确的审美观,还能激活人们的艺术创造性。其次,优化创造主体的心理结构。美的创造与创造主体的心理素质有着密切的联系。美的创造离不开感知、情感、想象等多种心理因素,其中,情感因素是核心。创造主体的情感因素决定着美的事物的感染力。在美的创造中,情感的因素特别明显。

4. 塑造完美人格

美育最根本的任务是塑造大学生的完美人格,通过美育引导学生追寻有意义、有价值的人生。我国古代思想家认为,一个人不仅要具备知识和技能,更重要的是提升自己的气质,培养自己的胸襟。正如苏联美学家鲍列夫所说:"审美教育的最佳成果应当是塑造成一个完整而和谐、具有自身价值和社会价值、具有能动创造性的人。"

(二)美育的意义

1. 美育是对人进行情感教育的重要途径

人作为高级动物,情感在心理结构中占有重要的位置。情感与认识两者是不同的,认识是人对事物的客观反映,而情感是人对客观事物的主观态度。

情感在人的认识和行为之间起着重要的桥梁作用。缺少了情感教育,就难以培养全面发展的新人,成为新一代大学生。美育,就承担了情感培养的重任。美育是通过美的事物熏陶,使高尚健康的情感得以发扬,低级、庸俗的情感得到压抑,使人的心灵变得高尚并能让人的心灵得到净化。它们各自承担着不同的育人职责,共同完成培育新一代大学生完美人格和心理健康的重任。

2. 美育是激发人的创造热情的强大动力

美所激发的,是人们创造新世界、探索科学奥秘的巨大动力。人在生产实践中,利用客观自然规律,把人的意志和目的变为现实,使自然"人"化。既符合生活的需要,又实现了自己的愿望和理想,这样得到的劳动成果,就是人的才能和智慧的结晶,也是人本质力量的体现,具有审美性质,于是,就产生了美。在这种创造性的活动之中,目的的完美实现所产生的美,会使人沉浸在无比的喜悦中。

3. 美育是使人的道德、人格趋于完美的素质教育

美育,就是要培养完美人格,使青年一代去追求有意义、有价值的人生。人类自身的美化,主要是指精神世界的美化,使人的精神世界飞跃到一个更高、更美的境界。

第五节 美的实践与创造

一、创造美好的环境

(一)创造美好环境的必要性

在人类社会的早期,生活是得不到保障的,生存环境比较恶劣,人们忙着填饱肚子,对于美好环境别说是追求了,可能连认识

第一章　美的本质与美育基础知识

都没有,但是随着社会的发展,人们的物质生活得到了极大的提高和丰富,这个时候,人们对于美好环境的需求就产生了。

1. 创造美好环境是人类生存和发展的必然追求

自然环境是人类生存和生活的物质基础。人类借助自然界的恩赐,物质生产不断发展,社会不断文明、进步。爱护自然,保护环境,创设美好的生存空间,便成为人类社会发展的必然追求。

2. 创造美好环境是改善生活质量的重要内容

在日常生活中,如果有一个非常良好的环境对于人们的生活、个人的发展是十分有利的。环境美是生活美的重要组成部分,创设美好环境是人类生活理想付诸现实的必然实践选择。不管是对家居环境的美化,还是学校、公司等场所进行的种花种草等行为,或是城镇建设的布局规划,这些都是为了通过改善环境来提高人们的生活质量。

3. 创造美好环境有益于身心健康

脱离了环境,人是无法存在的,周围环境中的一切随时随地都刺激着人们的感官,影响着人们的情绪。在日常生活中,我们可以发现,洁净、整齐、安静、美丽的环境会给人们以愉悦的享受,更能激发人们热爱生活,努力工作,而脏乱、吵闹的环境只会使人心生厌恶,情绪低落,精神不振,甚至纪律涣散,影响工作、学习。

4. 创造美好环境体现了文明

环境美化体现着高度的人类文明,也是人类提高生活质量的前提条件。追求环境美,可以使人们的生活丰富多彩,充满情趣,使人们得到较好的休息,促进身心健康;追求环境美,可以陶冶性情,开阔胸怀,提高文化水平,砥砺品行,增强识别美丑的能力,有助于培养高尚美好的情操;追求环境美,可以增进人们对祖国大好河山与民族传统文化的了解,培养和深化人们的爱国主义思想感情;追求环境美,可以增进人们对自然环境的观察和了解,启发人们探索自然奥秘的智慧,促进自然科学的发展。

自然环境中表现出来的与人们向往的社会生活相联系的特性构成了形式美,所以,美化环境体现着现代文明,也是现代文明的重要标志之一。环境的美化首先应从自己身边的生活环境、学习环境、居住环境的美化做起。

(二)创造美好环境的基本要求

1. 整洁、清新、安宁

第一,对于个人生活空间来说,房间干净,物品整齐,家具安置合理,并且养花种草,点缀其间,会让人精神放松,心情愉悦,能更好地投入工作和学习中。

第二,从公共生活场所来说,整洁的街道,碧绿的树木、清新的空气,这样的环境可以让人们感受到生活的美好,看到这种环境的那一刻心情就愉悦起来。

2. 布局合理

合理的布局可以给人们的生活带来便利,比如,大街小巷把城市分割,居住区、商业区、娱乐活动区,井井有条;居民小区辟有绿化带、公共活动区,周围有超市、餐馆等;住宅楼之间有一定的间距,既便于采光,又避免对视等等。居室空间也要合理规划,休息娱乐、饮食洗浴、学习工作,功能明确。

(三)具体美好环境的创造

1. 美好家居环境的创造

居室是人们在工作、学习之后的栖息地,是休憩身心、颐养性情的港湾。家居环境的美化,不仅仅是家庭经济实力的体现,更是家庭成员的精神面貌、思想境界、志趣爱好以及文化修养等方面的体现。无论是豪华别墅还是普通房舍都可以做到美化,我们主张从实际情况出发,在经济实用的基础上追求审美的艺术性,从而创造出符合身心健康需要的生活环境。一般说来,要做到以下几点:

第一,要做到家里时刻保持整洁。应及时清扫房屋地面、墙壁、天花板、桌椅、衣柜、灯具、窗台、玻璃上的尘污,洗净被褥及餐炊具等,并把它们摆放整齐。

第二,要合理地挑选家具。家具是家庭日用器具的一种,既有使用价值,又可以作为室内的装饰,所以,人们称它是美化生活的实用艺术品。在一个家庭里,家具是占据空间最多的饰品,因此,美化生活环境时,家具的选择和陈设就成了不能忽视的重要内容。家具的挑选不仅要注重功能、风格多样,而且要保持协调。

第三,在色调方面,要以和谐为原则。家是人们休息的场所、接待客人的地方,也是与亲人共享天伦之乐的地方。因此,家庭环境的布置、美化,从色彩上说,应力求安宁、和谐、亲切。

第四,家里的装饰要体现高尚的情趣。家庭生活的内容是丰富的,人们的情趣也是多方面的,因而要创造一个美好的环境,离不开用各种手法去装饰和点缀。可以在室内摆放一些盆景、盆栽绿色植物、花卉,或是插花,也可养鱼、养鸟等,营造室内的一隅绿色空间,以获得清新悦目的感受,使之充满诗情画意;还可以根据个人的爱好,摆设一些工艺美术品、古董,或挂贴字画,营造高雅而富有个性的居室情调,寄托自己的审美情操和志向追求。

2. 美好校园环境的创造

校园是学习和生活的场所,高层次、高格调、高品位的校园环境,能对学生起到"润物细无声"的陶冶作用。美化校园环境不仅要构建诗情画意的自然环境,还要营造励行励志的人文环境。美好校园环境的创造需要从以下两方面入手:

一方面是整体校园环境的创造。从一开始选址的时候,校园应选在无噪音、无污染的地方,尽可能处在幽美的自然环境中,使学生在校园内处处都能看到大自然的美。校园内部规划要科学、艺术,注意整体的协调统一。学校一般以教学楼、办公楼或图书馆为主要建筑,其他建筑不论从造型风格,还是色彩、用料等方面都应与它相协调,不能各自为政。校舍的建筑,应当富有变化。校园建筑布局合理,整洁优美,树木葱茏,错落有致,有催人奋进的雕塑,有肃穆庄严的升旗台……能让人感到校园具有形的参差美、色的和谐美与意的情趣美,还要营造具有教育意义的人文环境,如悬挂校训标语、名人画像及催人向上的名言,张贴地图,布置品学兼优学生的照片、事迹、习作、绘画,布置反映祖国激动人心的建设成果的图片等,定期更换,常办常新,使学生在校园里无论走到哪里,都能得到美的熏陶、鼓励和鞭策。

另一方面是各间教室环境的创造。教室是学生接受知识最重要的场所。教室要窗明几净、桌椅整齐、色彩调和、光线充足。教室的布置要做到既大方又活泼,整体和谐一致。黑板上方可以张贴国旗图样或学风校训,两侧的墙上适当地贴挂几幅字画或杰出人物的画像、名言,教室后墙设置黑板报,开辟学习园地、支部园地、时事园地等。窗台上有序地摆放一些盆栽植物,讲台上可以放置插花。如此营造出有生气的氛围,能让学生在优美、安宁的环境里身心愉快地接受科学文化知识。

3. 美好劳动环境的创造

劳动环境的好坏,是影响劳动者心理、生理的一个重要因素,也直接或间接地影响着劳动效率和产品质量。美的劳动环境能激起劳动者愉快高昂的情绪,消除不必要的紧张和疲劳,提高劳动者的积极性;杂乱、肮脏、吵闹的劳动环境,常常使劳动者感到厌烦,使他们情绪低落,缺乏劳动积极性。可见,改善劳动条件、美化劳动环境的意义十分重大。

二、塑造美好的形象

上面我们提到了如何创造美好的环境,那么就个人而言,美的实践与创造体现在塑造个人美好的形象上。个人的形象直接影响到别人、社会对他的看法,是非常重要的一个方面。具体而言,塑造美好的形象需要从以下几个方面入手:

(一)身体美的塑造

不管是小孩儿还是大人,男人还是女人,大家都希望自己可以拥有让自己满意的美的容貌和形体。但是,人的容貌和形体很大程度上由遗传基因决定。当然,这并不是说完全的,在后天,我们完全可以通过一些有效的途径塑造美丽的身体。具体而言,可以通过以下几种方式来塑造身体美:

1. 增强体育锻炼

美的形体和容貌首先必须是健康的。体育锻炼不仅可以增强体质,使人充满活力,而且可以促进骨骼和器官发育,使体重及胸围、腰围、臀围、腿围等保持在正常的范围之中,从而起到塑造形体的作用。

现代社会中,人们充分地认识到锻炼对于塑身的意义,广泛地参加各种体育锻炼和健美活动。大学生应当抓住自己的黄金时期加强锻炼,使身心都得到健康、完美的发展。

2. 调节饮食营养

多在饮食方面下功夫可以有效地改善外貌形象,比如皮肤和头发,都是可以通过合理的饮食调节改善的。根据自身存在的问题对症下药,如果皮肤很干燥,可以多吃水果蔬菜,借此补充体内的维生素,同时,也要养成良好的饮食习惯,不抽烟,不喝酒。

3. 保持良好心情

心态是会反映到外貌上的,常言道:"笑一笑十年少,愁一愁白了头",人的情绪在很大程度上会影响到人的身体健康。不良情绪损害人的健康,当然也影响容貌。当人遇到高兴的事,心情愉悦,面色红润,容光焕发;如果一个人长期郁郁寡欢、焦虑愁闷,则面容黯无光泽。人生的旅途漫漫,每个人都可能会遇到种种不顺心的人和事,遇到烦恼的时候,要用积极的心态去面对,不仅有利于身体的健康和美丽,而且有利于问题的解决。在日常生活中,也要涵养自己的气象,培养豁达的心胸。如果能做到这样,个体的外貌看起来一定是非常健康美丽的。

(二)仪表美的塑造

1.仪表美的内涵

仪表美是一个综合性概念,具体而言,它包含三层意思:

第一层意思是仪表美的基础,也就是常指的人的容貌、形体、体态的协调优美。这种美是一种自然美。

第二层意思是仪表美的发展,指的是通过修饰打扮以及后天环境影响而产生的美。这是一种创造的美。

第三层意思是仪表美的本质,这是比较深层次的一种美,指的是一个人美好而高尚的内心世界和蓬勃旺盛的生命活力的外在表现。

前两层内涵的仪表美可以统称为外在美,第三层内涵即为内在美。一个人具有良好的仪表美指的是二者的有机结合,如果只有外在美,没有内在美,并不能称之为完善的仪表美。

2.仪表美的基本要求

仪表美要注意以下几点:

首先,要有适合自己身份的美,也就是说一个人的仪表要与他的年龄、个性、气质等相适宜,不然很容易出现不和谐的状况。

其次,不能只注重局部的仪表美,一定要在整体上塑造一种和谐的仪表美。

最后,在塑造仪表美的时候,需要掌握好分寸,不可过度追求,适得其反。

(三)语言美的塑造

1.语言美的内涵

这里所讲的"语言",是指日常生活用语。"语言美",就是要求日常生活用语的美。

2.语言美的要求

第一,在日常的交流中,语言要保证文明健康,这是语言美的基本要求。具体而言,语言文明健康就是要求语言和气、态度文雅谦逊。

第二,语言美体现在内容方面的要求是内容要充实,不能空洞不知所云。简言之就是要言之有据,言之有物。"言之有据"就是说话要有根据。摆事实,讲道理,实事求是,懂多少讲多少。"言之有物"就是指说的和做的相一致。说话算数,守信用,不吹牛。夸夸其谈、花言巧语,自然不是语言美。

第三,语言美除了要保证语言文明健康和内容充实,也可以适当地讲求一下艺术,这是就语言美的形式而言的。具体而言,就是要做到逻辑严密、语言规范、语句生动、语音优美。

3.语言美的培养

语言美是指语调、音色、语势的优美。这些美都具有迷人的魅力,有助于表达思想、交流感情。要培养一个人的语言美,首先,要加强思想道德的修养。语言美是心灵美的外在表现,要想做到语言美,就要从心灵美做起,提高道德修养。其次,要加强文化修养。语言修养与文化修养密切相关,文化修养提高,谈吐才能文雅。

(四)行为美的塑造

1.行为美的内涵

行为美是指人在社会生活中所表现出来的美,是一个人修养的体现。特别是在公共场合,行为美显得尤为重要。

2.行为美的要求

在日常生活中,我们既要认识到哪些行为是美的,也要认识到哪些行为是丑的,并自觉地摒弃丑、抵制丑。具体地说,要做到以下几点:

第一,对于集体利益加以保护,不能进行损害。对于大学生而言,不损害集体的利益可以具象为不损害班级或学校的利益。学生的形象会在很大程度上影响到班级和学校的形象,因此,在平常要多注意自己的行为。

第二,爱护公物。对于公共环境,大学生一定要注意自身修养,自觉爱护公共设施。

第三,不危害社会秩序。作为新时代大学生,各种场合一定要自律,进行自我约束与管控。

(五)交际美的塑造

1.交际美的内涵

交际美是指在人际交往中所形成的彼此信任、相互尊重、相互谅解、团结友爱的和谐美,它是人物美(心灵美、仪表美、语言美和行为美诸方面)在群体关系中表现出来的特殊形态。交际美是人类文明和进步的标志。在现代生活中,人和人的交往是不可避免的,一个人能否美化或优化与他人的交际关系,不仅是个人修养水平的体现,而且是完成事业、走向成功的桥梁。

2.如何塑造交际美

具体地说,塑造交际美,我们要做到以下几点:

第一,在与别人交往的过程中要真诚地对待别人。真诚就是指内心世界真挚、诚实、坦荡。在与人交往中发自内心的真情,具有一种美的吸引力,容易使人接受并能够同他人建立友好的感情;相反,浮滑、虚伪、奸诈是人与人交往的最大障碍,具有极大的破坏力。在人际交往中,我们应言行一致,说老实话,办老实事,做老实人,才能形成美的交往关系。

第二,在与别人交往的过程中要多设身处地地为别人考虑。孔子有句名言:"己所不欲,勿施于人",意思是自己不想接受的事物不要强加给别人。那么反过来,在面对自己喜欢、想要的东西时,也要考虑别人的感受。在社会生活中与人交往,要多多换位思考,谦让他人,以营造和谐的、有秩序的人际氛围。这句名言在古代社会被视为调整人际关系的基本准则,在当今社会仍是帮助我们建立良好人际关系、树立良好社交形象的训条。我们在日常的生活中,一定要严格遵守。

第三,在与别人交往的过程中要保持一种乐于合作的心态,同时,要有一颗宽容的心,对别人不要太多苛刻。人与人打交道,离不开彼此间的协助、合作。为了使合作可以顺利进行,我们要严格要求自己,注意克服自身的某些缺点,学会反省,敢于自我批评,要有自我牺牲精神;还要有开阔的胸襟,学会宽容,不要老是盯住别人的缺点,不要为一点小事伤了和气,这样才能彼此团结,协作一致。

第四,在与别人交往的过程中既要保持自信的态度,还要谦恭有礼。自信的人看到自己的长处、优势和力量,在社交场合不会胆怯、羞涩、拘谨,待人接物洒脱、大方,从而展现出交际魅力。当然,自信要有一定的分寸,不要强调个人特殊的一面,也不要有意表现自己的优越感,以致让人敬而远之;还要善于发现并真诚地赞许他人的长处和优点,做到谈吐有节,谦恭有礼,这样才能营造良好的交际氛围。

第二章　美与审美

　　美存在于审美者的大脑中,而审美就是对事物以及艺术的美进行欣赏、品味与领会,它是人们认识和理解世界的一种特殊形式。作为一名社会人来说,审美是必须要具备的知识结构,而且只有具备健康的审美心理、正确的审美意识以及良好的审美能力等,才能促使自己的精神不断得到提升。

第一节　美感的心理构成因素

　　美感是由审美感知、审美情感、审美想象和审美理解等多种心理因素构成的。它们彼此依赖、相互作用,形成了主体的审美感受。

一、审美感知

　　审美感知是整个审美活动的起点,没有审美感知,审美感受便不可能产生。
　　在审美活动中,审美主体很少只进行单纯的审美感觉,它与审美知觉往往是同时进行的,从而共同构成了审美心理活动的基础层面。

(一)审美感知的含义

　　所谓审美感知,指的是"审美主体对直接呈现于感官的审美对象由个别感性特征到整体形象的情感反映"①。审美感知的对象都是当下直接呈现于主体的感官的,都是以不以人的主观思想为转移的实际存在的客体为前提的。不过,审美感知又是通过主体的感官进行的,审美感官既是审美感知的物质基础,又是主体的器官,因此,审美感知又是存在于特定的主体身上的。

(二)审美感知的特征

1.审美感知具有情感性

审美感知相对于日常感知来说,最为显著的区别便是其是一种情感反映,具有浓厚的感情色彩。审美感知特别富于情感性,它不仅产生并表现于情感,还丰富于情感。此外,审美感知对审美对象的整体形象反映,也就是对情感形式的反映,是对饱含着情感的感性形态的反映。

审美主体对审美感知的情感性特征有着重要的影响。审美主体对对象选择性的整体感知过程,始终受情感推动。在审美感知过程中,人们总是需要对自己已有的经验予以调动,恢复之前所建立的某种短暂联系,并将之前经验中的情绪因素转接到眼前所见的表象之上。如此一来,表象之中便被融入了一定程度的情绪因素,而且情绪因素与具体表象的融合,便是人们所要追求的东西。因此,人们在进行审美感知时,整个过程都会被主观情绪因素所影响。正是这种情感作用,使审美主体所感知的对象呈现出不同的意态,使感知所得不是关于对象的一般表象,而是充满情趣的审美意象了。

此外,在审美感知中,客观对象实际上已成为情感符号,审美感官不仅只是反映对象的感性形态,而且同时反映对象的情感形态,而这种感性形态和情感形态其实就是同一形态,这样的积淀越是深厚,审美感官就越能将客观对象的物理结构、人的生理结

---

① 顾永芝.美学原理[M].南京:东南大学出版社,2008:238.

构和社会情感结构自然地契合起来,建成稳定的直接契合关系,审美感知就更富于情感特色。

2. 审美感知具有选择性

审美感知的选择性特征指的是审美主体在对客观对象进行感知时,往往会选择一些或一部分客观对象,并将其有机融合成一个清晰、突出的整体。

在个体的心理活动中,审美感知活动虽然处于基础层面,但并非是个体的被动接受行为,而是审美主体对于审美对象的审美属性做出的积极选择。不过,这并不意味着审美感知已经具备了理性判断能力,而是表明人类的审美感知是高度社会化的、是有其深厚的先验因素的。正是由于这个原因,当审美主体对一定的对象予以关注时,审美感知便能借助于其敏锐的选择能力,对这一对象在运动中出现的精微变化及其在不同瞬间给予人的印象予以捕捉。由此我们可以断定,马致远在创作散曲《天净沙·秋思》时,绝不仅仅只感受到枯藤、老树、昏鸦、古道、瘦马之类衰败的东西,这是他对观察对象进行主动选择的结果。

审美主体在进行审美感知时的选择能力是在长期的生活实践和艺术实践中培养出来的,因而对艺术家来说,这种选择性往往带有专业的倾向,表现为专业性的敏感,就像是画家对于色彩、光线、结构和线条,音乐家对于旋律、曲调、音色和节奏等方面都十分敏感,能发现一般人不易发现的对象的极细微处,原因就在于他们日积月累的专业训练。

3. 审美感知具有整体性

审美感知不仅在对象的各部分及其相互关系的感觉基础上形成一种知觉"完形",一种对客体对象的完整映象,而且遵循着由不完善趋于完善、由不平衡趋于平衡的整体性规律,将当前的对象形态感知与以往的完形模式联系起来,从而形成了对特定对象的结构形态、情感基调和直接意蕴统一而完整的感知形态。格式塔美学心理学派对审美感知的整体性特征的研究是颇有可取之处的,认为人的知觉总是倾向于把对象的形式当作整体来把握。也就是说,在格式塔美学心理学派看来,人们在审美知觉时,并不仅仅是叠加各种感觉元素,而是有一种全面、整体的把握,并且人的知觉活动往往会通过对感觉材料的修正与改造,对对象的完整形式予以把握,比如,在中国山水画中大片空白是十分常见的,但这大片的空白并不意味着空无一物,而是通过虚实对比更好地对可见景物进行衬托,从而收到更加奇妙的艺术效果;又如,唐代诗人张继的诗歌《枫桥夜泊》中涉及了很多的形象,有听觉形象如乌啼、钟声等,有直接的视觉形象如月落、江枫、渔火,还有作为背景的寺庙、客船等。诗人在对这些形象进行感知时,自然而然地将其融合为一个有机整体,从而描绘出一幅完整的、立体的枫桥夜景。

(三)审美感知的功能

审美感知的功能,从哲学的角度来说就是消融了审美主体与对象之间的界限,进入物我不分的状态。事实上,在一般的经验活动中,感知本身也处于这样一种原初的状态,只是由于在这些活动中主体一般处于实用目的的支配之下,因而理智的因素迅速地参与进来,从而打破了主客体之间的统一状态,使它们处于分离和对立的关系之中。在审美经验中则不同,由于理性和感性达成了微妙的平衡,人们得以维持主客统一状态。以往的美学理论由于看不到这一点,因而或者把审美感知当作是对于对象属性的客观反映,或者把审美活动看成是纯粹主观性的,其共同的特点都在于以固执的主客二元论来研究审美经验。审美经验的根本特点恰恰在于,它既不是简单的客观现实的反映,也不是单纯的主观体验,而是融会贯通的独特经验。李白的诗歌《独坐敬亭山》中的诗句"相看两不厌,只有敬亭山",抒写的正是这种以情入景、以景拟人、人与自然密不可分的状态。

二、审美情感

在审美活动中,情感活动是最为活跃的一个因素,而且会伴随审美活动始终。此外,审美情感也是人类的情感过程,只不过是人类在审美活动中所体验到的排除其他因素的情感。

(一)审美情感的含义

情感对于人们来说是不可或缺的,它既展现了人们对客观世界是否与自身需要相符合的内心体验,也表明了人们对社会实践中所遇到的客观事物持有的主观态度。审美情感是一种高级的情感类型,是在日常情感的基础上产生的,要满足的是审美需要和审美理想。同时,审美情感中包含着审美主体是如何从理性和社会两方面来评价审美对象的。据此,我们可以这样定义审美情感,即"审美主体对客观审美对象是否符合自己的需要而产生的一种通过个人人生体验表达对人的命运、对人生、对社会关注的内心体验态度及其表现"[①]。

(二)审美情感的特征

1. 审美情感具有虚幻性

在审美活动中,激活审美情感的主客体关系不像一般情感那样具有直接客观实在性,也不与审美主体的个人切身利害直接攸关。也就是说,审美活动中所形成的主体对客体的态度体验,不引发于主体个人的切身利害,带有假定性或虚幻性,比如,在电影院里面对银幕上的炮火纷飞、枪林弹雨,审美主体尽管也会恐惧紧张,但并没有真正感受到死亡的威胁,因为危险的景象虽然存在于眼前,但那毕竟不是直接现实。审美情感的这种虚幻性,一

---

① 顾永芝. 美学原理[M]. 南京:东南大学出版社,2008:259.

第二章　美与审美

方面使审美主体不会陷入其中难以自拔,保持自身的独立自主;另一方面使审美主体可以放心大胆地进入其中,主动将自身的真实情感及其生活经验投射到这种幻觉情感之中,从而使虚幻景象触发真实的审美情感。

2. 审美情感具有形象性

审美情感的形象性特征指的是审美情感始终是在感知、想象、领悟各种具体或抽象的形象,并在相互作用下推进、深化,离开了具体形象,审美情感就无从产生,也无从发展,比如,在欣赏法国浪漫主义大师籍里柯的杰作《梅杜萨之筏》时,首先感知到的是,画面上呈现出来的随波涌起的斜形木筏上有两个对抗的三角形,人群前倾呼救的三角形与帆桅后倒的三角形正在朝相反的方向抗争。在这激烈的冲突中,我们的情感与画面人物的情感一起受到震撼,并按捺不住激荡的心进一步观察到前倾三角形的左下方老人守护在青年尸体旁悲痛不已,而右下方背靠桅杆的四个人正激动地指向远方海面,右上方三个人以站在木桶上挥舞红衬衣的黑人为中心,拼命呼救,构成了前倾三角形的顶点。在这三角形由底部的悲痛到中部的惊喜再到顶端的激奋的情感加剧中,我们的情感也随之激昂、飞扬起来。于是,再从风帆的后倒中,从整个画面的奋力抗争中,我们想象到沉船事件,想象到许许多多生与死、光明与黑暗、解放与束缚、前进与倒退的冲突、搏斗,我们的情感也随之获得升华,产生了崇高美感,得到了审美愉悦。我们的审美情感始终结合着画面形象。画家的审美情感完全渗透在绘画形象之中,画中人物的情感就是形象本身。

3. 审美情感具有超越性

审美情感不是孤立的,有不可否认的先验结构,因此,审美情感并不仅仅限于个体的情感,而是社会、民族乃至人类的通感。这就决定了审美情感是无私的,是自愿与他人分享的。

审美情感不但超越了个体性,还超越了物质功利性。审美情感不是由于主体对客体是否符合自己的物质需要而做出的心理反应,也不是由于一般的精神需要是否得到满足而产生的态度体验,而是出于审美对象是否符合自己审美需要而做出的评价。审美情感既从人类生存的第一需要的物质功利性中超脱出来,又从与人类生存第一需要有关的社会功利性中超脱出来,独立地追求更高层次的精神需要,这就是审美需要。主体的审美需要越强烈、越高尚,审美对象的审美价值越高,审美情感就越容易被激活。如果物质功利性和一般社会功利性很强,而审美需要和审美价值却很低,审美情感也很难被激活。审美情感由于超越了狭隘的个人功利和一般的社会功利,所以有着寓热于冷的情感再体验的特点,不像日常生活中的情感那样锋芒毕露。

虽然说审美情感是超越个体、超越功利的,但在其中仍包含着、潜藏着或积淀着自我情感和社会功利性。审美情感深层的社会功利底蕴和审美主体的自我情感内涵是通过超越性这一特殊形态自然而然地流露出来的。

(三)审美情感的功能

审美情感的功能,具体而言有以下两个:

1. 推动功能

审美情感贯穿于审美感受的全过程,体现于诸审美心理要素之中,并成为各心理要素的动力,推动着审美心理的发展和审美感受的深化。具体来说,审美情感可以强化感知、激励想象、推进领悟、激活思维、升华感受,使各种心理要素沟通、结合、深化、强化,构成统一的审美感受。

2. 评价功能

审美情感的走向,对审美评价有着直接的影响作用。具体而言,审美情感的性质显示了审美评价的准备与否,审美情感的强度又反映出审美评价的高低,同时,审美情感也是进行审美评价的重要出发点。因此说,审美情感具有评价功能。

(四)审美情感的活动方式

在审美活动中,最基础、最广泛的情感活动方式是"移情"。人类学家在对原始民族的考察中发现,移情是一个十分突出的现象,而且在很多事物的起源中有能够看到,比如,在语言的起源、艺术的起源、神话的起源中,都可以看到移情这一现象。

关于"移情"的学说中,里普斯的观点是十分值得重视的。在他看来,移情就是审美主体在意识中将审美对象人格化,而且移情所产生的快感是在"内心活动"与另一个"主体"的交融中所体验到的愉悦。为了对移情进行更为形象化的解释,里普斯使用古希腊神庙中道芮式石柱作为例证:支撑屋顶压力的道芮式石柱并没有屈服于巨大的负荷,而是呈现出屹立不倒的意象,当"自我"与这一意象有机融合为一个整体时,需要个体充分运用自己的动觉经验。从总体上来看,道芮式石柱的空间意象能够使个体在与其接触时产生反抗压力的动觉经验以及相应的情感感受,还能使个体将自身所产生的虽承受重压,但必须坚持威武不能屈的气节转移到石柱身上。如此可以说,人们在对道芮式石柱所呈现的耸立飞腾的空间意象进行欣赏时,实际上欣赏的是"客观化的自我"。

对于审美的移情作用的特征,里普斯也进行了具体阐述,主要包括三个方面:第一,审美的对象不与审美主体相对立,而是体现一种受到主体灌注生命的有力量能活动的形象。第二,审美主体与审美对象并非对立的,即审美主体实际上是只在对象生活着的"自我"。第三,审美主体与审美对象的关系是物我不分的,而不是二元对立的,即审美主体在审美对象里升华自我,而审美对象则得到"生命灌注"。

自里普斯对"移情"进行了详细阐述后,"移情"说便在西方国家中受到了高度重视,而且在审美活动中越来越常见。

三、审美想象

没有想象,便没有艺术创造;没有想象,也不可能进行审美活动。因此,审美想象也是美感中不可或缺的一个重要心理因素。

(一)审美想象的含义

想象是人将头脑中已有的客观事物形象重新组合上升成某种事物新形象的过程。审美想象是想象的特殊形态,是审美主体在审美活动中创造新的审美意象的心理过程,是从事审美活动和创造审美价值的主要心理要素。具体而言,审美想象就是通过对审美表象的分解、重组和化合在头脑中创造新形象的心理过程。

审美想象是以审美表象为基础的,而且重新创造的形象是未曾感知过的,甚至是未曾存在过的事物的形象,比如,客观现实中从未存在过孙悟空的形象,但吴承恩可以在感知封建社会中的各种人事及其关系的不同表象基础上创造出这一想象形象。不过,审美想象中出现的事物形象,不管是怎样地超越现实、稀奇古怪,都是以客观现实中已有的材料为基础的,就像是孙悟空的奇特形象,不仅有现实的猴和人的真实依据,而且更有历史上农民起义和人民战胜邪恶、克服自然灾害以及向往为民造福的英雄等现实根据。由此可见,客观现实是审美想象的源泉。

审美想象对于产生和加强美感有重大的作用,如在昆明看到的五华山上的"睡美人"景象,就是由想象产生的神奇审美效果。你向西一眼望去,但见起伏绵延而去的远山一抹浅黛,其间仿佛有一位动人的窈窕美女,在恬静而自由舒展地仰卧歇息。许多自然景物由于被赋予审美想象,而平添了美的感染力,创造出了许多优美的故事传说。此外,审美想象是能动的、自由的,但又总是受审美对象的规定和制约。人的审美想象能力与他的美学知识修养、审美经验、个人兴趣爱好等有密切的关系。因此,要提高审美想象能力,离不开大量的审美实践。

(二)审美想象的特征

1.审美想象要以人为中心

审美想象总是围绕着活生生的人、充满生命活力的人、作为社会关系总和的人进行的。也就是说,审美想象中的任何对象,一切事物,都与人有关,或是作为人、人际关系的象征,或是构成环境、渲染氛围;或是宣泄情绪、渗透事理;或是表达愿望、暗示理想等,比如《古诗十九首·迢迢牵牛星》中,不仅把天空的星星拟人化,想象为充满爱情憧憬的织女对牛郎的深切思念和满腹惆怅,而且借以表现人间夫妻分离、爱情受阻的痛苦、忧伤。

2.审美想象具有逻辑性

审美想象的逻辑性主要是指想象符合生活和情感的逻辑。想象以记忆表象为基础,表象来自现实生活,所以要符合生活逻辑。生活的逻辑主要体现在相互联系和相互制约之中。社会生活发展的整体目标、必然方向以及其中整体与局部、个别与个别之间的联系,就是生活逻辑的主要表现。审美想象不管多么变化莫测,都必须与生活逻辑相契合,既不能孤立于、局限于某一点,也不能只抽象地概述整体。审美想象伴随着强烈的情感体验,也就要符合情感逻辑。

3.审美想象带有情感体验

审美想象本身就是以情感为动力,在情感的推动下展开想象,在想象中丰富情感、强化情感的,因此说审美想象带有情感体验。具体来说,审美想象中充满了情感体验,所创造的新形象侧重于"情貌",是包含情感色彩的个性形象。科学想象是理智型的,即使引发感情激荡,也控制在清醒的理智范畴中,不能以感情代替政策、以感情代替规律探讨。审美想象是情感型的,以情感为动力,以情感体验为内涵,以情感形象为成效,是始终与情感激荡联系在一起的,情感平息了,审美想象也就结束了。

4. 审美想象注重突出鲜明、生动的独特性形象

审美想象围绕着人展开,更围绕着充满个性特征的具体形象展开,其根本任务就是从一切表象中创造出具有鲜明、生动的独特个性的新形象。这一个与众不同的形象又处于各种各样的必然性联系之中,这种必然联系的走向就是历史发展的方向。审美想象的这一特征体现在艺术创作中就是恩格斯所强调的要塑造典型环境中的典型性格。因此,审美想象总是在个性化和概括化的有机统一中展开,并最终体现在鲜明、生动的独特形象上,也就是典型形象上。由此而创造出来的新形象,才具有以少总多、以一当十、不全之全、寓显于隐的审美效应。

(三)审美想象的层次

审美想象是一个内涵丰富的心理范畴,它的初级形式是简单联想,高级形式则是再造性想象和创造性想象。

1. 简单联想

简单联想分为接近联想、类似联想和对比联想等多种形态。在审美活动中,这些想象活动各有其独特的作用。

接近联想是指由于两件事物在逻辑上高度相关,或是在生活经验中比较接近,人们总是很自然地会从其中的一个联想到另一个,并引起相应的情绪反应。"憎恶和尚恨及袈裟""睹物思人"等说的正是这种现象。熟知这种心理规律的艺术家在创作活动中会自觉或下意识地运用它来创造出令人心有灵犀的艺术形象,例如,京剧艺术家的手在胸前拂动能让我们明白他是在抚摸胡须,反过来,读者也必须具有这种联想能力,才能够领会艺术家的匠心。

类似联想是由甲乙两事物在性质上或状貌上的某种类似引起的。在艺术创作中,这种类似联想的作用是非常重要的,人们

第二章 美与审美

常用的比喻、象征、拟人等修辞手法之所以能有如此广泛和深刻艺术效果,就是因为类似联想是人类固有的心理结构,比如,电影中的暴风骤雨象征着灾难,乌鸦飞过预示着事情进展的不顺利等。

对比联想是建立在甲乙两事物性质或状貌对比关系上的联想,即因两件事物在性质和特征上相反而引起的。这种联想的作用在于通过突出这两种事物所具有的对立关系,来强化对于某一事物的理解和感受,比如,高鹗在写到黛玉之死时,有意识地同时描写宝玉与宝钗新婚之喜的欢庆场面,无疑更突出了黛玉命运的悲剧色彩。由此可见,成功地运用这种联想形式可以极大地提高作品的艺术感染力。

2.再造性想象和创造性想象

(1)再造性想象

主体回忆其生活中的相关经验进而产生意象的过程,便是再造性想象。这一看似简单的复现或再现过程,要求主体必须基于生活经验对记忆表象进行合理构建。也就是说,个体在开展想象活动时,不能依赖于直接的逻辑推理来构建不同表象之间的合理联系。以艺术创作过程来说,创作主体首先要将自己已有的记忆储备充分调动起来,即在脑海中复现自己之前目睹或亲身经历的人与事,并从中寻找出富有特征的、有表现价值的东西,使其成为自己进行艺术创作的材料,比如,电视剧《红楼梦》就是编剧、导演们在阅读了《红楼梦》这部小说后,在头脑中依据小说中的情节、语言等对大观园的生活以及各个人物形象进行了再现,然后以此为根据对场景和演员进行挑选,最终对小说《红楼梦》中描述的形象进行了再造。

(2)创造性想象

创造性想象是个体创造性地综合各种表象和意象,继而构造出具有独特审美特征的形象的心理活动。

就艺术领域而言,进行创造性想象,既可以是改造实际生活中存在的形象而形成新颖的形象,也可以是创造在现实中全然不存在的形象,如《封神演义》中的雷震子、二郎神、女娲娘娘等形象。在审美创造中,特别是现代艺术,常常使用变形、浓缩、黏合等手法。其中,变形主要是利用梦中光怪陆离、荒诞不经的幻影,经过想象创造出某种怪诞的表象,如毕加索、达利等人的画。浓缩是把许多表象进行有机的结合,经过想象创造出一个具有许多隐义的新的表象,如鲁迅笔下的阿Q和狂人。黏合是把不同的表象联结在一起成为新的表象,如人面狮身的斯芬克斯、猪头人身的猪八戒。

这里需要指出的一点是,创造性想象与再造性想象都基于人们自有的记忆表象,是密切联系的。一般说来,在美的欣赏过程中,再造性想象占优势;在美的创造过程中,创造性想象占优势,但两种想象在艺术中可以相互转化,而且是不可分割的。

四、审美理解

(一)审美理解的含义

审美理解指的是审美活动中所进行的分析、判断、识别、比较等理性思维活动,是对对象的审美判断和评价,审美活动中不可缺少这种理性思维活动。

(二)审美理解的前提

审美理解必须有一定的前提,较为重要的有以下几个:

1. 要有与审美对象相关的必要知识储备

审美主体只有具备与审美对象相关的必要知识储备,才能对审美对象做出合理的审美分析、判断和评价,比如,在西方宗教绘画中,如果你不懂得野百合花是象征着玛利亚的童贞,羔羊象征着信徒,十字架象征耶稣受难,那么你在欣赏时便会感到莫名其妙。懂得《空城计》故事的人,虽然看见诸葛亮和司马懿近在咫尺,也能理解一个在城上,一个在城下。

2.要有很强的审美感悟能力

审美想象作为表象运动是建立在新旧表象相互联系的基础上的,这也是观念和形象的融合。这时,我们在感知它的时候,感性形象仍然保持其自身,并没有跃迁为理性认识的概念,但是它却可以触发我们的理性以通向某种特殊的观念,因而我们在观赏这一形象时,需要很强的审美感悟力才能在直接观照之中获得对其中观念意义的理解。

审美主体要想提高自己的审美感悟能力,必须要注意提高自己的文化素养,丰富自己的生活经验。这样一来,审美主体不仅能够充分把握和理解审美对象中蕴含的深刻的内容、意义,而且能在接受过程中予以创新,真正地品评出其中的味道来。

3.要有明确的观赏态度

在审美活动中,审美主体必须对艺术与现实进行明确区分,即审美主体不能将艺术中的事件与现实中的事件、艺术中的情感与现实中的情感等相混淆。始终保持静观而不含实用、伦理的态度,审美主体在对艺术进行欣赏时,就算深受艺术对象的感动,也不会将其与现实世界混淆在一起。如此一来,也就不会出现在看了《白毛女》后因义愤填膺而枪击"黄世仁"的现象。

(三)审美理解的特征

1.审美理解具有非概念性

主体在进行反思判断时是没有明确的规律可以遵循的,只能是直接从特殊的审美对象出发对其普遍性进行发现与挖掘。也就是说,审美和艺术虽然具有多种成分与功能,但要找到它们的痕迹和实体则是十分困难的,而且审美和艺术在对某种本质性的东西进行表达时主要借助于形象而非概念,比如,李白的诗歌《玉阶怨》中并未出现出现一个"怨"字,但在后人看来,这首诗"无一字言怨而隐然幽怨之意,见于言外"。这正是因为诗人在对诗中主人公的哀怨之情进行描写时,并没有采用概念性的语言,而是借助于一系列极富表现力的感性形象。如此一来,诗人便细腻而传神地表达出主人公的内在感情。

2. 审美理解具有多义性

审美理解首先是一种心理活动,因此它具有主观性和个体性,所以,审美理解有着很大的偶然性。人们审美所包含的偶然性,就使得人们的审美理解呈现出多义性的特点,因而所得到的意义具有很大的不确定性,但也更富有"意味",比如,李煜的词《浪淘沙令·帘外雨潺潺》中的名句"流水落花春去也,天上人间"所表现的情感,到底是相见无期的惆怅,还是国破家亡的怨恨,至今没有定论,但是,这也使得这首词具有了独特的魅力。

审美理解的多义性除了与审美对象自身的特性有着密切的联系,还深受理解活动自身特点的影响。审美理解需要个体充分发挥自己的反思判断力和已有的审美经验,因此,审美主体所获得的审美理解往往并不是科学的,而是有着鲜明的个体色彩。这也是导致审美理解具有多义性的一个重要原因。

3. 审美理解具有层次性

审美理解的层次性指的是通过直接观照而获得的理解,还只是第一步,它还可以进一步深化,那就是通过对审美感受的反复品味和冷静分析,把难以言传的"意会"用语言文字等传达出来,甚至可以一直上升到理论高度,予以一定的解说。这时,审美活动就开始从美的欣赏跨进审美判断和美的理论的领域了。

第二节 审美意识的内涵

美学史清楚地表明,人类的任何审美活动都贯穿着审美意识的活动,也始终受审美意识的引导、影响和制约。

一、审美意识的含义

审美意识指的是"审美主体的大脑对客观存在的审美对象所作出的能动的、特殊的反映,是审美心理活动进入思维阶段后的意识活动"[①]。审美意识会随着社会的进步、人的实践能力和思维能力的提高、客观事物美的变化,尤其是艺术的发展而不断建构、积淀、改组、发展、丰富和完善。

二、审美意识的形成与发展

(一)审美意识的形成

审美意识并不是某种动物的本能或天赋能力,而是社会实践的产物。也就是说,与人类其他一切意识现象一样,审美意识一开始就是基于物质的,是社会和劳动的产物。依照马克思主义的基本规律,审美对象的社会存在的发展状况决定审美意识的内容与特征。

生存需要是人类的首要需要,为了满足这一需要,人类必须进行生产劳动。生产劳动是人类最基本、最重要的社会实践活动,也是一种有意识、有目的的社会性活动。生产劳动使人摆脱动物性,逐渐发展出社会性,而原本只是停留于低层次感性的人

---

① 仇春霖.大学美育(第2版).北京:高等教育出版社,2005:125.

的各种感觉器官也随着人类理性的发展逐渐地脱离动物的自然本性或本能状态,获取了不断增强的新的感知能力。因此,人对事物的感知和反映相比动物来说便有了本质上的区别。具体而言,人类通过劳动实践增强大脑的能力,不仅感知能力相比动物有了本质的飞跃,同时,也发展了远远高于动物的语言符号能力。因此,人类通过语言和理性不但能够直接指称客观事物的各种具体特征,如形态、色彩、材质等,而且能够进一步指称抽象概念,如比例、对称、和谐等。在此基础上,人类逐渐归纳出这些客观性质与人的实践的各种概括关系,直接在客观事物上认识到它们与社会生活及生产实践的本质关联。这也就是在对象身上看见自己(以及自身所属的阶级、社会等)的生活和实践,从而真切地体察到合规律性与合目的性的一致,看到了凝结在劳动对象上的"人的本质力量"和思想,从而引起精神上的愉悦和满足,使人有了审美感受的萌芽。当人能够通过直观客观世界而反观自身,打通这一主客的认识的闭环时,审美意识也就随之产生了。

(二)审美意识的发展

审美意识在产生后并不是一成不变的,而是会随着时代的变迁而有一定的发展。正因如此,审美意识才能保持丰富性以及生生不息的生命力。

审美意识不只是对劳动活动功利价值的直接感受,更重要的是对合规律性(自然韵味、节奏)的劳动形式(人工韵律、节奏)的一种把握、感受和领悟。因此,如果说原始人类使用和制造工具的劳动形式是合规律性、合目的性的形式,即自由的形式构成最原始的美,那么对这种劳动活动形式的感受,就是自由的感受,即原始的美感。正是这种"自由感受",才使原始人类初步感受到人类与自然和谐统一的愉快。不过,当时的这种审美感受仍然停留在感性和功利的直接的、孤立的阶段,还不能藉此通达广阔的生活内容和社会意义,依然为感觉所束缚而缺乏想象、领悟的自由。随着人的语言、思想的发达,人类对自然规律认识的不断加深,人

第二章 美与审美

的审美能力才逐步发展出社会生活和精神生活把握的能力,不断从生理快感中分化出来,增添理性认识的深刻内容,并获得自己特殊的本质。由此,人类真正意义上的美感才会产生,审美意识才能得到进一步的独立和发展。

审美意识的发展,可以说是多种原因共同作用的结果。原生家庭、受教育程度、大环境都是审美意识发展的重要影响因素。我们在探讨审美意识的发展时,既要考虑个体因素,又要考虑社会文化因素对它的影响。

个体审美意识往往推动着时代审美意识向前发展,比如,在我国明代,文学流派纷呈,他们往往以某一创造性的作家或文论家为旗帜,掀起一波又一波的文学改革浪潮,从而带动审美意识的发展。

除了个体的具体审美活动,环境也是推动审美意识发展的一个重要因素。这里所说的环境,包括自然环境和社会环境两个方面。首先来说自然环境,它在相对的稳定性中也会有变的成分,因而也会影响到社会意识。从个体来讲,历史上的确有一些艺术家因为环境改变而改变审美趣味,比如,北朝诗人庾信在北渡以后创作的艺术风格就与在故国的时候截然不同,这其中当然有社会环境和个人心境的变化等方面的因素,但也不能排除诗人所生活的自然环境的改变而带来的审美意识的变化方面的因素。例如,古代人在自然怀抱中建造的园林所代表的审美意识与现代人在都市的建筑艺术中所表现的审美意识就很不相同。其次来说社会环境,它对审美意识的发展也产生了重要作用。刘勰在《文心雕龙·时序》中明确指出:"文变染乎世情,兴废系乎时序。"《诗大序》上有云:"至于王道衰,礼义废,政教失,国异政,家殊俗,而变风、变雅作矣。""变风""变雅"所代表的审美意识不同于"风""雅"所代表的审美意识,这种审美意识变迁的原因就是"王道""礼义""国政"等社会历史环境发生了改变。可见,社会环境的变化是审美意识发展的一个重要影响因素。

此外,科技的革新与发展在促进审美意识发展方面也发挥着不可替代的作用。科技的新成果会成为审美新对象，支配着人们的审美和创造美的活动。同时，随着科学技术的日新月异，宇宙中的奇异景象，微观世界精巧的犹如童话般的结构形式，都开始进入人们的审美领域。审美主体社会化感受的丰富性、开拓性，使美感内容也日趋丰富和深化。对自然美的欣赏，已从"致用""比德"向"畅神"转变，对社会美、艺术美的欣赏和创造，也紧随时代不断深化和扩展。此外，现代科技的发展还为艺术的创造提供了新的手段和新的传播方式。各种艺术形式的相互渗透、融合，使人们的审美能力更加敏锐化、精细化，从而进一步深化了美感的内容，丰富了美感的形式。如此一来，以现代人类物质生产实践为基础的现代审美意识，将通过各种形式（其中包括艺术）而不断地发展，并随着人类自由王国的逐渐实现而达到更高的水平。

总之，人类的审美意识会随着时代发展而发展。

三、审美意识的特征

审美意识特征体现在两个方面：一是审美意识具有共同性；二是审美意识具有差异性。

（一）审美意识具有共同性

审美意识的共同性特征指的是不同的审美主体对于同一个审美对象会产生相近或相同的审美意识，比如，不同的审美主体在进入苏州园林时，无论风雨明晦还是春夏秋冬，都会感到优雅、宁静、清幽，得到最大最舒适的美的享受；又如，近代史上的林则徐凭着对祖国对人民的赤胆忠心，在极其艰难困苦的情况下，以满腔的浩然正气，力挫英帝国主义的侵略气焰，虎门销烟振了国威，壮了民胆，表现出中国人民同仇敌忾、不畏强暴、顶天立地的英雄气概和民族精神，一直为后人所敬仰。这是中国人民所共同的审美意识。通过上面的论述也可以知道，审美意识的共同性特征不仅表现在对自然美、艺术美和科学美的欣赏上，也表现在对

第二章 美与审美

社会美的欣赏上。

审美意识的共同性特征,主要源于两个方面:一是人类生理特征的共同性;二是总体自然与社会环境的共同性。这两个方面的共同性,就使得人类的文化心理(其中包括审美意识)呈现出诸多相同之处。同时,由这两个方面所生成的文化传统也在历史的发展过程中呈现出强大的生命力。这正是审美意识的共同性的基础。与此同时,人们所具有的共同生理机制以及以其为基础而形成的大致相同的心理机制,也具有相当的普遍性,这也是人们的审美意识能够表现出共同性的一个重要原因。当然,审美意识在发展的过程中,其所具有的历史传承性和普遍有效性会对某一特定环境下的个体心理产生重要影响。此外,人们在对对象进行体验时所表现出来的共同性,也使得群体对于审美的意义得以强化,但这并不排斥个体的体验对审美意识的贡献。

总的来说,整个社会的审美意识的产生与传承,既离不开一定的文化传统,也离不开特定的社会氛围。同时,个体在获得审美能力时,必须借助于对文化传统和社会氛围的感受。

(二)审美意识具有差异性

审美意识的差异性指的是不同的人具有不同的审美意识,比如,有的人喜欢闪电和雷鸣,因为它们能划破黑暗,给人们带来光明和希望,激励人们准备迎接暴风雨的到来。可是,有的人却害怕闪电和惊雷,当雷击电闪时,只会闭着眼睛、捂住耳朵,躲在角落里发抖,他们无法欣赏大自然赐予的雷电之美。

审美意识的差异性在对自然美、社会美、艺术美和科技美的欣赏上都有明显的表现,比如,人们由于思想政治观点不同,对中国历史人物秦始皇的评价是众说纷纭的。这一现象的出现,也可以分析其中人们审美意识差异的影响。

个体的先天气质和后天文化素养的差异性,是审美意识差异性产生的一个重要原因,比如,生活在同样环境里的闰土写不出鲁迅《从百草园到三味书屋》这样的作品,而同样可以在狱中听到蝉声的阿Q写不出骆宾王《在狱咏蝉》那样的五律。

除了个体的先天气质和后天文化素养的差异,不同的自然、社会环境也会使审美意识千姿百态,比如,我国古代代表北方艺术的《诗经》和代表南方艺术的《楚辞》,在艺术风格上有着极大的差异,这便是环境作用的结果。

四、审美意识的基本形式

审美意识的基本形式,主要有以下几种:

(一)审美观念

审美观念是审美主体所具有的一种高层次的审美思想和观点。通常而言,审美主体在构建自己的审美观念时,必须以自身已有的审美感受和审美体验为基础,积极对自己的审美趣味进行培养,对自己的审美标准进行明确,对自己的审美理想进行确定。之后,审美主体对自己的审美趣味、审美标准、审美理想等进行有机融合,便形成了系统化的审美观念。审美观念在审美意识系统中处于最高的层次。

审美观念形成是和价值观、世界观密切相关的,因此,审美观是世界观的一个重要组成部分。这就决定了审美观念会受到世界观的直接指导和制约,并会随着世界观的变化而变化。

此外,审美观的产生不是孤立的,是与社会经济发展状况相适应的。审美观作为一种意识形态,一方面受经济发展状况的制约,另一方面也对经济基础表现出相对的独立性,可积极地为经济基础服务,发挥能动的反作用。

(二)审美感受

审美感受是审美活动的最初状态,是审美主体对客观事物审美特点产生的心理上的感受。审美感受的内容是由客观事物的美所决定的,客观事物的美是审美感受的物质基础和源泉。审美

感受有着自身鲜明的特点,具体如下:

1. 审美感受具有直觉性

通常来说,美的事物和现象都会表现出形象特征,而且它们的形象多是富有感染性的、具体可感的、个别的。美感活动便源于对这些美的事物和现象所呈现出的形象特征的直觉且始终不会脱离这种生动的直觉。这里所提到的"直觉",指的是审美主体在面对审美客体时所表现出的一种不假思索而能立即把握与领悟的能力。每当我们看到一处秀丽奇妙的自然景色,听到一首悦耳动听的乐曲,欣赏一幅诗意盎然的绘画作品,或赏玩一件巧夺天工的工艺珍品时,就会情不自禁地发出由衷的赞叹,这就是所谓直觉性的审美愉悦。人们获得这种审美感受时,既没有经过理智的思考,也没有进行逻辑的判断和推理,而是刹那间便做出对审美对象美或不美的判断,这便是直觉作用的结果。不过,审美感受的直觉性不只是纯感性的,还含有理性因素,是感性与理性的统一。产生这种辩证统一关系的原因在于人类的社会实践活动。审美感受虽然是以主体感性直观的方式表现出来,但它必然是人类历代审美经验的积累和历史文化传统的积淀,以人们对某些审美对象已有的思考和理解为基础的。

2. 审美感受具有功利性

通常来说,个人在进行审美时不会抱有明确的实用目的。无论是看一场电影,听一支乐曲,或是欣赏一幅画,都不是为了满足某种实用功利的需要,相反,还要付出精力和金钱等代价,但人们仍然乐而为之。审美时,尽管可能产生强烈的情感冲动,却不是以直接实践的态度来对待,也就是说,并不要求立即付诸行动。美感无关个人的利害得失,所以,当人们一旦获得了审美感受就急于与他人分享。也就是说,美感活动不是自私的、低级的物质享受,而是一种无私的、自由的、社会性的精神活动。不过,这并不意味着审美感受完全不具有功利性。事实上,美感活动虽然不能直接满足人的实用需要,却能以愉耳悦目的形式给审美者带来感官愉悦,有益于生理功能的健康发展;美感活动本身能感染人、教育人,使人的情感得到净化;美感活动也能启迪心智,使人逐步领悟宇宙和人生。从这一角度来说,审美感受是具有一定功利性的。

3.审美感受具有愉悦性

在审美活动中,审美主体总是充满感情色彩,表现了对审美对象一定的审美态度,这便是审美感受的愉悦性。对各种美的事物,审美主体若能全身心地去感受,就会被深深地打动,从而感到愉快、喜悦、惬意、舒畅、满足。审美感受的愉悦性就其根源来说,与美的感染性密不可分。如果客观事物不美,没有感染力,就很难激起人们内心情感的波澜。此外,审美感受的愉悦性是在感性直观中产生的,不能离开人们的感觉器官而存在。

(三)审美趣味

审美趣味是审美主体在对审美对象进行鉴赏与分析时所形成的审美偏好、审美能力。它体现了审美主体在审美方面所具有的思想、情感与能力等。

审美趣味是在对美的欣赏中表露出来的,因此和日常生活中的兴趣、爱好有着根本的区别。人们日常生活中的兴趣、爱好各不相同,是个人在生活中养成的习惯或因个人生理上的偏爱所形成的,纯属个人的事,而且,日常生活中的兴趣爱好没有高低优劣之分,更不需要社会的普遍赞同。但是,审美趣味却不同,人们总是希望自己的审美趣味能取得社会的普遍赞同。审美趣味自然分成高低雅俗,而每个人对审美都有不同理解。

(四)审美体验

所谓审美体验,就是审美主体在理性地、深入地思考自身在美感阶段所获得的美的愉悦,对审美进行准确、全面评价与判断

第二章 美与审美

的基础上,获得的丰富、深刻且舒畅的愉悦和享受。当审美进入体验阶段,审美主体就能调动自己过去积累的审美经验、知识水平和审美修养,渗进自己的情感,以想象为媒介,共同参与理性思考,对审美感受到的点滴积累和感知到的零星形象进行加工整理,分析归纳,丰富和扩大审美对象,使之清晰化、系统化,然后对审美对象作出判断和评价,使审美对象更有意义更有价值。

主观性和自主性是审美体验的两个重要特点,这与审美主体的人生经历、教养、性格、年龄、职业等密切相关,体现审美主体的主观目的、爱憎、习惯,并且受主体的审美观点、意志、情趣以及知识积累、文化艺术教养、想象力、判断力等审美能力的制约。

此外,审美体验有一定的客观性,即审美体验必须客观地反映对象的真实性。不过,不同的人对同一事物进行审美时,审美体验的结果是有差异的。

(五)审美标准

人们在审美活动中衡量与评估审美对象时,往往会自觉不自觉地依据某种相对固定的尺度和标准,即所谓的"审美标准"。审美标准既可以被用来对美丑进行鉴定,也可以被用来对审美对象的价值高低进行衡量,还可以被当作衡量创造美的标准。

通常来说,审美标准主要包括三个方面,即事物外在美、事物内在美、事物由内而外统一关系的标准。同时,审美标准是相对的,即随着社会实践的不断发展和变化,人们的美的观念也不断变化,衡量和评估美的标准也大不相同;审美标准是真实的,即审美标准是以对"真"的认识为前提的;审美标准是有功利性的,即是否于社会和历史发展有益,是判别审美的客观标准;审美标准要求艺术作品的内容和形式必须和谐统一等。

(六)审美理想

审美理想是人们对事物的美丑进行衡量的最高标准,也是人们追求的最高最美的境界。审美理想表现了人们对未来的美好期待和憧憬,因而能够有效地引导和规范人们的审美实践活动。

审美理想不能脱离审美主体所处的社会条件,是在人的生活、生产和审美实践中产生的,所以,具有社会性和阶级性等特点。不过,由于不同历史时期,生产力发展水平的高低不同,社会活动内容的深度广度不同,社会物质生活条件的优劣不同,因此,所期待、憧憬和追求的最高最美的目标即审美理想,也受社会历史条件的制约而带有鲜明的历史烙印。此外,审美理想会随着社会生产活动的发展而发展,并接受社会实践的检验。当审美理想尚未实现时,人们的期待、憧憬和追求还只是主观的设想、要求和愿望,至于它是否正确、能否实现,都必须通过实践的检验。凡是经过实践检验,取得预期的结果,达到奋斗的目标,就证明审美理想是正确的、科学的。反之,如果主观的设想、要求和愿望违背事物发展的客观规律,则成了空想、幻想。当然,有时理想是符合事物发展的客观规律的,只是因社会条件尚未成熟,仍需长时间继续努力,最后才能实现,这种情况也是常有的。

第三节 审美关系以及审美关系主体

审美关系是一种极为独特的关系,它是在审美活动中建立起来的,决定着审美对象的价值以及审美主体的特征。此外,审美活动实际上就是审美关系的建立、发展和完善的过程。

一、审美关系的内涵

(一)审美关系的含义

审美关系是审美主体与审美客体在审美活动中所产生的一种交互作用而达成的一种价值关系。

审美关系是一种价值关系,是审美主体观照、发现、体验并领悟审美客体中的固有特性从而满足自身精神需要的价值关系。具体来说，审美价值表面上看是审美客体的感性特质，但是假如没有审美主体的作用，不与审美主体结成审美关系，其审美价值属性便不能转化为审美价值，审美价值就无从实现。

审美关系是由于审美主体的审美需要而产生的，即人在实践中产生了审美需要，审美需要由审美活动来满足。如此一来，审美的主体与客体之间便产生了审美关系。由于审美关系是根植于人类的劳动实践的，所以，审美关系不是私人的，而是先天具有社会性，是一种在人类和世界层面上形成的哲学关联。同时，不同个体的审美主体与客体之间的联系，是审美关系最主要的表现形式。但是，在不同个体的审美主体与客体之间的联系中，不论是主体还是客体都未受到局限，即审美关系能够超越个体局限以及特定的时空等，在这一意义上看，审美关系不只是建立在审美主体与审美客体之间，还包括审美个体与作为审美主体的人类整体的关系。

（二）审美关系的特征

在人与对象的关系中，审美关系是一个重要的组成部分，并与其他的关系既有联系又有区别。审美关系在人类文明的构建过程中发挥了重要作用。审美关系将个体与社会紧密联系在一起，并且从个人上升到群体乃至全人类，都在审美关系的探索与发展中发挥了重要的推动作用。此外，审美关系并不是固定不变的，而是会随着社会的发展而不断向前发展。不过，审美关系无论在哪个社会历史时期，都呈现出以下几个特征：

1. 审美关系具有情感性

审美关系是一种情感关系。审美关系中的情感是在主客体交互作用中形成的主客体交融统一的新的情感形象，而且贯穿始终，不仅鲜明外现，而且构成内驱力，充满张力。

2. 审美关系具有兼容性

前面说到,审美关系同人与对象的其他关系既有联系又有区别,这里所说的联系便是兼容性。当某一个对象是美的,并具有真、善等特征时,这些特征不仅不会对对象的美产生危害,反而能够尽善尽美。因此,审美关系与认知关系、伦理关系不是互斥的而是相通的,而且理想的审美关系应该是以认知关系和伦理关系为基础而构建起来。由此,审美关系将会随着认知关系和伦理关系的发展而不断得到深化。

3. 审美关系具有灵性

在审美活动中,主客体一旦构成审美关系,客体成为审美对象,就充满了灵性,成为活生生的生命实体,比如,关汉卿的杂剧《关大王独赴单刀会》中关羽的佩剑灵性通神,正如关羽所说:"这剑按天地之灵,金火之精,阴阳之气,日月之形;藏之则鬼神遁迹,出之则魑魅潜踪;喜则恋鞘沉沉而不动,怒则跃匣铮铮而有声。"它有血有肉,有情有义,正气凛然,完全是富含生命精神的"主体"。非如此,不成其为审美关系中的客观对象。

4. 审美关系具有超越性

在审美关系中,不论是主体还是客体,都是现实中存在的一个个真实、具体的对应体,而在交互呈现、交互作用下,通过情感激越、灵性化和想象化,彼此都超越了现实存在,进入了基于现实而又超越现实的审美空间。如此一来,审美关系也就挣脱了现实关系的枷锁,进入了极为自由的境界。

5. 审美关系具有历史性

审美关系并非固定不变的,而是会随着历史的发展有所变化。从科学的角度看,人类社会的历史是在百万年的量级上的,宇宙的历史则远大于此,但是在人类之前没有审美意义的存在。

只有当审美主体这一审美关系的重要组成部分在社会实践中出现后,才使得审美关系的形成具有了可能性。由此可以知道,人的起源是审美关系起源的重要基础。"山""水""花"等的存在要早于人类,当人们说到它们时,若只是用一种概念来指称它们,则它们仅仅是一种客观存在。但是,当人们对它们的美进行判断时,则包含了人类在长期的文化传统和自然环境中所形成的尺度。这种尺度,具有明显的社会性和时间性,是一个历史的范畴,这就决定了审美关系是具有历史性的。此外,随着时代以及人们审美心理的发展,人们在选择审美对象、评判具体形象时也会发生一定的改变,而这也会使审美关系发生一定的变化。

二、审美关系的主体

审美关系的形成有赖于人对世界的感悟和体验,因而在审美关系中主体占据着主导地位,这具体表现在以下几个方面:

第一,审美关系中的主体以对象的感性形态为基础,不涉及概念和实际功利地对对象进行创造性的体验。在这种体验中,主体常常以己度物,与对象达成一种亲和关系,而主体能动地在自然的感性形态中寻求和谐和相融,并且随着主体审美态度的历史变迁和民族差异而风采各异,最终使主体的心灵超越感性生命和环境的局限而实现自由。个体与审美对象的关系,便反映了文化因素对于主体心态形成和发展的影响。在审美意象的构建过程中,主体的情感和想象力更是起着主导作用。

第二,在审美关系中,审美客体是一系列潜能的组合物,而其潜能的实现有待于主体的挖掘,而主体能否挖掘,又有待于主体能力的提高,这种提高既包括族类总体能力的提高,也包括个体能力的提高。族类的总体能力总是在一个个的个体中表现出来的。如果说客体作为潜力的集合具有一定的稳定性,那么主体就处于不断变迁的状态中,因而会获得更多的主导性。我们说物与人形成审美关系,首先因为物有审美的价值,而这种价值指的是对人的价值。如果人尚没有发掘这种价值的能力，或未处在发掘这种价值的状态中，那么对象就不能在这一"审美价值"的基础上与人构成审美关系。很明显，审美关系的形成与否，主体占据着主导地位。

第三，在审美关系中，主体能动地寻求心物和谐，也就是我国传统美学语境中的"天人合一"。这一思想既表明了主体在不断探寻着人与自然的共同规律，又表明了主体心灵对自然的体认。人们常说，世界并不缺少美，只是缺少发现美的眼睛。这也表明，在审美关系中，审美主体发挥着重要的能动作用。总之，只有通过审美主体的能动体认，外物的自然节律和主体的生理、情感节律才能贯通，继而促使审美关系形成。

第四，在审美过程中，审美关系要想成立，最为关键的便是主体心灵的自由。主体要进入心灵自由的境界，需逍遥于自然之中，御风而行，不羁系于现实世界的物质和伦理，真正达到"物我两忘"。

第五，主体审美态度的变迁以及不同主体在审美态度方面的差异性，会对主体的审美理想以及审美关系产生重要的影响。这表明，在审美关系中，审美主体发挥着重要的主导作用。主体的审美态度和审美理想，会伴随着历史的前进而不断有所发展。在古代的狩猎阶段，穿耳、刻唇、戴兽骨等被人们普遍认为是美的，但是，随着历史的发展，人们的审美意识也发生了改变，比如，狩猎阶段人们所具有的普遍审美价值被否定了，但它在人们的审美意识发展中发挥过的积极作用是不能否认的。总之，不论在任何时代，审美关系无论发生怎样的改变，审美主体都会在其中发挥重要的主导作用。

第四节 个体审美能力的发展

审美能力是主体进入审美经验的门径，也是审美主体的审心理机制协调融合而形成的综合能力。没有审美能力,审美活动便不会发生。此外,从个体生存的最基本的意义上说,审美能力是个人获得情感满足,实现其个体性的感性生存的能力,因此,对于个体而言,需要不断发展自己的审美能力。

一、个体审美能力发展的重要性

对于个体而言,审美能力是其成功从事审美活动所必需的心理特征。正如费尔巴哈所说的:"如果你对音乐没有欣赏力,没有感情,那么你听到最美的音乐,也只是像听到耳边吹过的风,或者脚下流过的水一样。"因此,必须注重发展个体的审美能力。

审美能力具体的作用方式是创造性审美表现。当然,审美的情感满足虽包含生理快感,但又超越了它,与高度的精神性相贯通,所以是一种生理与心理、肉体与精神相互渗透的全身心愉悦,而且,个体的情感表现作为审美表现,也不是单纯的"个性表现",而是个体与他人共在、与社会交融的表现。审美能力作为一种表现能力,实质上是使个体的情感在感性和理性、个体与社会的有机联系中得以实现和提升的能力。可以说,审美能力是人寻求情感解放和提升精神境界,开创人生新格局的能力。

二、个体审美能力的具体发展

个体审美能力涉及的内容是十分广泛的,这里着重选取以下几个方面对其发展进行详细论述:

(一)审美注意力的发展

人与现实的审美关系是在历史实践基础上形成的,具有一定的客观性和社会性,但就个体审美活动而言,主客体之间的审美意识关系的建立并非天生现成的,而必须以客体具有美的特征和主体积极的审美指向为前提,才能构成这种关系。审美注意就是由于主客观两方面因素的影响而产生的对审美客体的一种关注心理状态。因此,在个体的审美能力中,审美注意力也是一项重要的内容。

审美注意力的一个重要特征是审美无利害性,审美无利害性不能被理解为审美与理智、道德、生理无关,或与社会生活无关,实际上,无利害性的审美活动恰恰包含着理智、道德、生理的因素,而且它把社会生活提升到某种新的高度。但是,在审美过程中,主体超越了生理和道德动机的直接驱使,解除了逻辑概念的束缚,从而进入无直接功利目的的状态。在对象方面,只有当主体以无利害性的审美注意力指向对象时,主体才会把兴趣集中于事物的外观,才会以自由的心理活动去创构审美对象,对象也才会以有情感意味的审美意象呈现给主体。由此可见,无利害性是注意力以审美的方式起作用的重要特征。

在审美活动中,审美期待是一种先天的心理结构,可以影响审美注意力的方向。审美期待是审美需要的能动表现形式,它使主体形成特定的心理指向,从而影响后继心理过程的趋向。人们对美视而不见的原因之一常常是他们的需要水平低于审美需要,没有审美的期待,实用功利的期待使他们只注意事物的实用性状与功能。审美期待在两个不同的心理阶段产生并发生作用:一是处于审美接受之前,主体准备用审美的方式去注意和感受对象;二是处于感知过程之中,主体或许在无意之中发觉了某种审美信息,审美期待被迅速唤起或加强,并驱使心理活动集中于事物的某些外观特征,以审美的方式来建构和接受对象。一般来说,前一种情况并不发生于每一次审美过程之中,而后一种情况则普遍存在于审美过程之中。审美期待是在长期审美经验过程中形成的,因此,在培养个体的审美注意力时,需要建立在丰富的审美经验基础之上。

除此之外,在培养个体的审美注意力时,还要注意对其进行适当的指导和反复的训练,说明对象的主要特征,引发与之相适应的知觉注意方式。

(二)审美感觉力的发展

感觉力是审美主体与审美对象发生审美关系的起点,没有感觉力便无法接收物质世界传递的感性信号,审美活动也就无从谈起。

审美的感觉力的第一步是可感,第二步是有感,并由此而成为审美能力的基础,而且,敏感的感觉力可以比一般感觉力获取所能接收到的更多的信息,因而也为知觉和想象的创造提供更丰富的材料。先天因素会影响到审美感觉的敏感性,不过,审美感觉的敏感性更多的是从审美活动中渐渐培养起来的。在对个体的审美感觉力进行培养时,要注意帮助个体从日常的感觉方式转变到审美的感觉方式上来,并要引导个体察觉光线、形状、色彩、音高、音调以及各种材质的细小差异,磨砺敏锐的感觉力。

此外,在培养个体的审美感觉力时,要充分注意视、听等外感觉力的发展,而且也要注意运动感觉力的发展,这对综合性的审美能力发展十分有益。

(三)审美知觉力的发展

知觉力按照使环境变得有意义的方式,对感觉材料进行加工,使之成为一种统一的、有组织的经验。当感官把感性材料传递给审美知觉力时,审美知觉力首先要根据内心审美图式建构起与之一致的知觉形式。在这个阶段,审美知觉就开始表现出它的创造性:一方面它的建构不是简单的反映和叠加,而是超越了感性材料中的个别形态的整体形式;另一方面,这种整体形式不仅是综合所有感性材料,同时,也是综合客体和主体内在审美图式,成为具有内在统一性的审美形式。

审美知觉的表现性有两个层面:其一是表层、一般的层面,其二是深层、特殊的层面。在表层、一般层面,表现性存在于知觉式样的"力的结构"之中。依据格式塔心理学的理论,知觉的大脑皮质机制是一个动力系统,这个系统中的各个元素在知觉过程中积极地相互作用,是一种定形的整合过程,感性材料在审美知觉中生成的空间秩序和与之相应的大脑机能秩序是结构性同一的。这就是所谓的"同形论"。根据这个原理,知觉的产物不是感官刺激的摹写和映射,而是与刺激的形式相对应知觉经验的形式,如同地图与现实世界的关系那样。当知觉力以这种"同形"的对应关系来把握对象时,便会产生皮质的力的运动,主体把这种力的运动式样当作对象的性质来知觉,对象就呈现出扩张或收缩、冲突或协调、上升或降落、前进或后退等知觉样式的表现性。它们虽然貌似抽象,却极富象征功能,是丰富的审美经验的基本框架,而且,由于同形原理,知觉的表现性直接存在于知觉所建构的整体形式结构之中,形式结构与它所表现的意义是直接同一的。此外,审美知觉力的表现力还体现在深层的和特殊的层面,即在内在审美图式根据感性材料塑造知觉形式的过程中,同时,也赋予知觉形式以表现性。建立在同形原理基础上的知觉式样的表现性,基本上属于生理的层面,格式塔心理学家也是把知觉看作大脑组织的天生定律所引起的自然操作作用,这种天生定律从康德的"先验形式"演化而来,并被以物理学的方法赋予了生理学的意义。在审美活动中,由内在审美图式的规范所造成的知觉式样的表现性,则意义更为深广,并具有主观表现的品格。当知觉对象按照内在审美图式的要求被建构起来,成为后者的直接对应物(或类似物)时,它就被赋予了超越生理水平和日常知觉性质的更丰富和更独特的意义。因此,对于个体来说,应特别注重培养和提高自己的审美知觉力的创造性和表现性。

(四)审美想象力的发展

在审美过程中,想象力是一种意识超越能力。想象力具备创造性和超越性两个特点。创造性并不仅仅是指创造现实中没有的新形象,同时拼接组合表象并非审美想象力的根本意义。事实上,审美想象力的根本意义便是能够实现现实世界向理想世界的转化。通常来说,知觉形式在审美想象力的参与下,能够成为审

第二章 美与审美

美意象,且这种审美意象中会灌注着精神的活力。因此,审美想象力具有化景物为情思、化实为虚的能力。这里的"景物""实"是物质世界,"情思""虚"是精神世界,审美想象力以前者为本源,又改造和超越了它,达到后者。此外,审美想象力所创造出来的新形象,是否有所变形并不重要,重要的是其所创造的审美意象是否是个性化的、是否超越了现实的物质世界。只有这样,才能确保人们在对审美想象力创造出的新形象进行判定时不会出现错误的结论。事实上,审美意象的创造性并不需要通过夸张地改造知觉到的外在形式来彰显,如王维的《鸟鸣涧》并无夸张的描绘,而我们在吟诵之时,却可凭想象而体味到这景色的灵动与神韵。不过,这种感觉仅仅依靠知觉是无法获得的,必须借助于审美想象力,将实境化为虚境,达到自由恬适的心境。由此可以知道,追求身心自由的精神状态,才是审美想象力的根本意义。

个体的审美想象力要想获得不断的发展与丰富,必须不断积累自己的审美经验。也就是说,个体只有不断丰富自己的的审美记忆表象,自己的审美想象力才有可能获得发展。此外,要想激发个体的审美想象,必须要注意唤醒个体的知觉,同时要触动个体的情感。审美的知觉形式在满足初级的审美需要的基础上,通过情感的触动又进一步激发了更高层级的审美创造冲动——审美想象力。此外,审美想象的引发,也离不开特定的心境。想象在审美过程中的出现,往往是不知不觉的,若是强制地去想,要展开自由的想象估计是不可能的。因此,在培养个体的审美想象力时,要有意识地保障和引发审美想象,并切忌以常规的、成人的或名家名作的套路来限制甚至压抑个体活泼、新颖的创造性想象。

(五)审美情感力的发展

情感是心理结构中的一种重要心理机能,能够从内部驱使个体展开心理活动。同时,情感能够对个体的心理过程的方向予以控制。情感力作为一种特殊的情感能力,是人对自身与环境关系的体验能力。不过,情感力所体验的是人与事物的关系,而非某一外在事物。因此,人们运用情感力,主要是将自我投射到人与事物的关系中,建构理性之外的心理联系。个体内在的需要、愿望、期待决定情感体验的方向,因此,它是以对象的性质与功能是否符合需要、愿望和期待为评价根据,从而形成一定的情感态度,如好与恶、恐惧与亲近、痛苦与快乐等。同时,情感体验力又是与理性不同的自我意识,是人以存在者的身份直接体悟自我生存状态的能力。

在审美能力结构中,居于核心地位的也是情感力。它不仅从根本上决定着个体的审美理解、审美表现、审美创造等,而且通过与感觉力、注意力、知觉力、思维力、想象力等的有机融合对整个审美过程进行支配。此外,个体的各种心理功能要想最终构成审美能力,也必须以情感力为中介。总之,审美情感力的在多数情况下直接决定个体的审美能力水平。

审美情感力从本质上来说,是个体需要、期待和愿望的能动的审美形式,是一种超越感性而又不假理性的心理活动,是审美主体在审美经验过程中的自我因素。它不期望实际地改变环境的客观性质,而是在经验中赋予世界一种全新的意义,在意识中重新发现主体和客体,以及两者的关系,从而使审美主体获得审美自由。

(六)审美记忆力的发展

记忆力对于学习和人类文化的传承十分重要。没有记忆能力,便没有经验积累,也就没有心理的发展和一切智慧活动。人依靠记忆力,一方面能有效地把握环境,另一方面能使自己的个性具有自我的同一性。因此,记忆力在相当程度上决定了人的心理发展水平的高低和人格的丰富与否。不过,在当前的中国美学界,记忆力在审美心理中的重要性并未引起足够重视,这是今后应转变的一项重要内容。

在审美能力结构中,记忆力是不可获缺的一个重要组成部分,它是审美经验的基础。离开了审美记忆力,审美知觉、审美想

第二章 美与审美

象与审美理解就成了无源之水。这是因为,审美知觉过程受内在审美图式的制约或规范,而内在审美图式的积累和重现则依赖于记忆力。这种图式作为内在的审美心理结构作用于知觉,是以记忆力为中介的。在知觉当前某个对象时,过去知觉的记忆痕迹也活动起来,正是依赖于过去的审美经验,知觉才可能有审美的认知、创造和理解。审美想象力的活动绝不能脱离审美记忆力而凭空创造新的意象,正如人的意识不是一块白板,审美记忆是审美想象赖以生长发育的质料。丰富的审美经验积累也是深入理解审美对象的基本条件,没有记忆力,就不能对对象进行特征辨别、意义填充和综合评价,也不可能产生审美共鸣。因此,审美记忆力往往决定着审美能力水平的高低和审美活动的成功与否,必须高度重视培养个体的审美记忆力。

审美记忆涉及运动记忆、情绪记忆、形象记忆和词语逻辑记忆等多种类型,但以情绪和形象相结合的审美形式记忆为主要内容。它往往把事物外观的某些形式特征,包括整体的和极细微的方面,加工贮存并在审美活动中重现出来;与此同时,还把相应的情感体验,特别是那种独特新鲜的感受保持在大脑中,并能够迅速地被激活。审美记忆还包含情境(或称场合)记忆。情境记忆的外观特征或许不太鲜明,但其情绪内容却极为丰富。它常常是对较大审美对象或审美心理氛围的记忆,虽朦胧却极富暗示性。

审美记忆在审美过程中,对于审美经验的保持和重现具有重要的作用。因此,在个体审美能力发展中,审美记忆力的培养也是不容忽视的一个方面。在培养个体的审美记忆力时,必须特别注意充分地加工感性材料:依据特征对感性材料进行分类、归纳、提取记忆对象与感性材料进行比对,对复杂的感性材料进行拆解等。在这一加工过程中,通过对肌肉运动的有效利用,也能够增强记忆力。因此,大声朗读一首诗比默读或聆听这首诗要便于记忆,在乐器上演奏一段旋律比听这段旋律更利于记忆……所以,伴随肌肉运动的活动是美育教学过程的基本形式之一。记忆的另一规律是受心理定向和活动目的的影响,因此,适当地提出记忆的要求,明确记忆的目的也可促进记忆力的提高。

(七)审美思维力的发展

思维力作为一种意识,主要用于对新事物进行深入理解。同时,思维力不止诉诸理性,也会调用诸多心理功能,深入事物内部,以概念性的方式发掘事物内在属性及其相互关系。因此,在个体的审美能力中,思维力也是一个重要的结构成分。

个体在利用审美思维力对审美对象的内涵进行深刻把握时,既不能脱离表象,也不能仅仅从感知表象中对事物的某些本质方面进行抽象的概括。这表明,审美思维力是一种不脱离感性表象的形象思维能力。此外,审美思维力还具有直觉性和体验性两个特征。审美思维力的直觉性是审美思维区别于理性的本质特征,依靠审美直观的能力,审美思维力无需概念中介,在直观中深入地领悟事物,发现被遮蔽的真实存在;审美思维力的体验性指的是审美思维力不但具有普遍性,同时也包容个性,审美主体因而获得审美自由。这种超越一般感性和理性的审美自由,使得审美思维成为"物我交融"式的、分享的理解过程。

个体审美思维力的发展需要较长的时间,同时,与个体理智的发展和生活经验的积累有关。因此,在培养个体的审美思维力时要注意引导其不断增强自己个性化的体验,并要切实依据个体的身心发展规律来促进其审美思维力的发展。

第三章 艺术审美

艺术美作为美的一种重要形态,是指各种艺术作品(建筑、园林、绘画、书法、音乐、舞蹈、雕塑、影视、诗歌等)所显现的美。它是艺术家根据一定的审美目标、审美理想,以及美的规律所创造出来的。与其他各类美的形态相比,艺术美更为强烈、集中,更为纯粹,也是更为理想的美,所以,在大学生的美育中,艺术美育也是很重要一部分。帮助大学生了解艺术美、把握艺术美、体验艺术美,能够让他们的审美水平得到大大的提高,同时,也能使他们产生巨大的情感力量,从而更好地去学习、去生活。

第一节 艺术美来源于生活

艺术美虽然是艺术家们创造性劳动的产物,但是没有生活这一前提,艺术家们的创造性劳动也是难以完成的,所以,艺术美是来源于现实生活的,它是现实生活的能动反映。关于这一点,我国古代的学者就已经有了相关的论述,比如南北朝时期的姚最提出的"学穷性表,心师造化",就是指要以造化自然为师;唐朝张彦远说:"因知丹青之妙,有合造化之功。"唐朝张璪说:"外师造化,中得心源。"明朝董其昌说:"画家当以古人为师,尤当以天地为师。故有天闲万马皆吾粉本之论。""画家以天地为师,其次以山川为师,其次以古人为师。"国外雕塑大师罗丹也曾说:"我已经发现了希腊雕塑家们的秘密。这个秘密就在于他们对生活的热爱。

我也正是从生活中汲取到一切,才创造了那些最美的作品。"[1]这些言论大致都说明丰富而生动的大自然是艺术家创造的源泉。就人类的艺术史来看,艺术家们在创作过程中都很重视生活基础。为什么艺术美来源于生活呢?我们从下面三个方面来体会一下其中的原因:

一、生活是艺术家想象的肥沃土壤

生活是艺术创作的源泉。如果把生活比喻成葡萄,那么艺术则是艺术家酿造的葡萄酒。艺术家在进行艺术创作时,往往需要扎根于生活,在生活的基础上,融入想象力和创造力进行艺术的再创作。一些杰出的画家所取得的巨大成就,都和深入观察生活有非常密切的联系,例如,我国宋朝时期的张择端如果没有深入观察、研究都市经济、市民的生活,就很难进行丰富的想象,也就难以创作出艺术珍品——《清明上河图》。欣赏这幅画的时候,你明显可以看出它不是简单地记录各种生活现象。画中人物的神情、事物的状态,情节的细腻与生动堪称极致。这正是因为画家在平时对生活有着非常细致入微的观察,才产生了这样丰富的想象,成就了不朽的画作。

二、生活孕育了艺术家的激情

如果艺术家只是对生活形象进行简单的再现,那么并不能产生艺术美。每一个艺术作品中其实都浸透了艺术家的激情,而这种创作激情是来源于现实生活的。

艺术家的创作激情与生活实践紧密地联系在一起。如果脱离生活实践,他们就无法培养对生活的感情,也就更不能在生活中直接产生激情,从而无法有力地促发他们的想象了。脱离了生

---

[1] 郑克鲁.火烧莫斯科[M].北京:文艺出版社;1987:50.

活不但失去了艺术创作的根,而且失去了想象的动力。许多杰出艺术家的经验都证明了这一点。例如,著名画家罗中立,他多次深入到大巴山区,和当地乡亲们生活在一起,促使他创作了《父亲》这一形象。显然,大巴山区贫困的现实生活孕育了他的创作激情,使他的想象放飞,才创作出了令人感动的油画作品。

三、生活促进了艺术家艺术技巧的提升

艺术技巧就是艺术家提炼生活素材,设计作品框架,运用艺术手段塑造形象,反映生活,表现主题的一整套技能。它对于创造完美形式,正确表现作品的思想内容,增强艺术感染力,深刻地反映生活的本质,具有十分重要的作用。艺术技巧不是凭空就有的,它是艺术家在表现生活与思想情感的过程中形成和发展起来的。艺术家的艺术技巧提高是没有止境的,社会生活在不断发展,新的生活内容会促使艺术家在技巧上也发生相应的变化。例如,画家傅抱石1961年曾到过东北镜泊湖、长白山和天池采风,由于扎根于生活,所以创作的作品充满了生命力。可见,生活对于艺术家艺术技巧的提高是有着巨大的促进作用的。没有现实生活环境的变化,艺术家的思路往往难以打开,也就很难在艺术技巧上有新的突破。

第二节　艺术美的本质及其特征与功能

一、艺术美的本质

本质,即决定事物是其所是的最根本的属性。艺术美是美的集中表现和最高形态,也是艺术家创造性劳动的产物。它具有自身根深蒂固的属性。

(一)艺术美是艺术与美的有机融合

就理论上而言,虽然美不等于艺术,艺术也不等于美,只是一类发现美、建构美和表达美的活动,但是艺术与美有着不可否认的紧密联系。如果与美无关,那么艺术也就不能称之为艺术了。如此说来,艺术必然会产生美的。

在现实生活中,一些人常常分不清善恶美丑,还故意号称自己为"艺术家",他们缺乏对美的理解和规定,不知道美是人类特有的精神产品,需要诚实的品德、高深的才智、敏锐的洞察力、艰苦的创作,以及鲜明的个性,因而他们所谓的"艺术"只不过是在迎合一些低级趣味,还谈不上是真正的艺术。

真正的艺术在于它凝聚了艺术家的思想和劳动,具有相当久远和普遍的生命力。真正美的艺术在于它不是为了提供短暂的快感,而是通过感性形式引导人们对人生社会、宇宙世界深入体悟。也就是说,艺术的价值在于真、善、美的体现。

(二)艺术美的本质在于思想

人类在利用脑和手能够比较轻松地谋得生存,求得安全和获得稍微的轻闲之后,即生命潜能在为肉体生存付出必要的劳动还有一些剩余时间的时候,于是,冲动加理智就发明了各种乐器、球类、扑克牌,直至放唱机、电视机、录像机、音响和游戏机等娱乐性的东西,也发明了各种高级宾馆、游乐场所、豪华型交通工具,美丽、新颖、奇特的服装款式、珠宝首饰和千千万万种美味佳肴等供享受的东西。

感官的发展必然反过来加速推进人类大脑的进一步完善,使它拥有愈来愈清楚的意识和抽象、推理能力。尽管整个人类文明史都要归功于勤劳的双手:辉煌的建筑需要能工巧匠们的双手来建造,美丽的图画需要画家灵巧的双手来描绘,优美动听的音乐需要乐师熟练的双手来演奏,高深的文章也需要人们用双手撰写、打印和发表,但是所有这一切如果没有思想,尤其是创造性思维,都将无从创造出来。所以,人类的一切文化形态、文化产品,归根结底都是人类思想的产物。正是人类思想将自身与一切其他物体区别开来,正是人类思想具有的能动性、创造性、目的性和实践性,才将人类变成认识和实践的主体,变成自然界的主人,变成具有支配作用的力量。

艺术既是人类生动、逼真的社会生活的需要与产物,也是人类的物质生产和最普遍的社会实践的追求与成果。它不仅抽象和概括,而且它能够通过语言、音调、形态、姿势、色彩、线条等艺术手法使多数人去知觉、去体验、去回味、去感受艺术家所经历的和现实中所存在的一切痛苦、欢乐、悔恨、失望等具体的生活事件与社会现象。例如,歌德的《浮士德》,既不是歌德急功近利、心浮气躁的产物,也不是歌德感性的或自然的情绪的流露,而是歌德毕生所获得的伟大思想的升华。《浮士德》中的许多诗句都是揭示宇宙、人间、美丑、善恶、多样性和单一性、个别性和统一性的原则与辩证关系的深刻的哲理和警句,比如,他在"神秘之群合唱"中就表达了他的根本人生观,他说:

一切无常者,只是一虚影;
不可企及者,在此事已成;
不可名状者,在此已实有;
永恒之女性,领导我们走。

艺术在人类这里不仅是一种思想、一种特殊的思想,而且是由思想所创造出来的一种美感、一种特殊的美感,即由人的心灵对自然、对生活、对一切审美对象所产生的一种特殊的感受和体验。

综上所述,艺术美的本质在于思想,而且思想越是深刻,其艺术内涵就越是深蕴和广阔。

(三)艺术美是主客观的统一

虽然对于艺术美来说,思想有着至关重要的作用,但是这并不意味着艺术美的客观因素就不重要。培根说:"艺术是人与自然的相乘。"他所说的"自然",就是参与艺术创造过程的客观因素,既包括人的社会生活,也包括"人化的自然"。这是艺术创造不可或缺的前提条件。如果艺术创造中没有社会客观因素参与其中,那么艺术作品的社会价值必将大打折扣。我国当代作家王蒙是一位勇于探索的学者型作家,他不仅熟悉现代的创作思潮,而且也有探索性的作品。他就指出,文学的最大参照系是非文学,即人们的生活状况。可以说,离开了客观的现实生活和外在的物质世界,艺术之花就难以盛开,艺术美的绚丽光彩也会消失。

当然,参与艺术创造的客观因素,并非无条件的"纯客观",而是有条件的属于"自我的客观"。在科学创造中,客观是无条件的,"自我"在最终获得的"知识结构"模式中并没有什么地位;虽然"自我集中于某个问题上,不让它'溜掉',但是对这个问题的各部分最终将要构成的组织,自我却是局外者"[①]。而在艺术创造中,"客观"是一个与"自我"紧密联系着的外部世界。它与"自我"一起参与了艺术创作过程,并且在创造结果中体现出来。因此,在艺术创作中永远有两个声音:对象的声音与艺术家的声音。

培根所说的"人",是指参与艺术创造的艺术家,是同时拥有理性与感性的创造主体。它既包括了艺术家的理性意识,也包括了非理性的无意识。因此,艺术创造具有较大的主观性,它要求艺术家把整个生命都投入到创造活动中去,并要求在艺术作品中体现出来。所以,优秀的艺术作品必然显现着艺术家的生命活力。

艺术家用整个生命投入艺术创造,首先意味着艺术家要调动自我主体意识的能动作用。题材的选择、主题的开掘、情节的提炼、结构的安排等,都需要他们自觉意识的能动性。如果一个作家缺乏思想、缺乏情感,那么他也难以创造出优秀动人的作品。其次,进行艺术创造也需要艺术家总是根据自己的审美理想,对

---

① 李普曼.当代美学[M].北京:光明日报出版社,1986:415.

曾经感受过的现实生活进行选择、集中、提炼、加工,并融进自己强烈的情感态度和审美评价。

需要注意的是,承认并强调理性意识在艺术创作中的作用,并不意味着可以否认无意识在艺术创作中的重大意义。艺术创作不是纯理性的产物,所以需要无意识的参与。也正是因为无意识的存在,任何一部优秀的作品都是不可重复的,也是不能作还原性分析的。俄国作家冈察洛夫在总结创作经验的长篇论文《迟做总比不做好》中,曾坦率地承认,《奥勃洛莫夫》的深刻思想内涵,他在创作时根本没有意识到,作品完成后也没有自觉到;是别林斯基发现并洞察了这部作品的深广含义,可是别林斯基也没有穷尽奥勃洛莫夫这个艺术典型的内在含义;列宁后来对它的典型意义又进行了新的阐发。

综上所述,艺术美就是主客观的统一,它既不能离开客观现实的人类生活中的事物,也不能离开艺术创造者自身主观的认知、思想、情感与评价。

二、艺术美的主要特征

艺术美的特征是艺术美本质的延伸与体现。作为美的最高形态,艺术美主要具有以下几个特征:

(一)独特性

独特性是艺术美的首要特征。艺术史上的优秀作品都具有独一无二的特点。

真正的艺术家创作作品时,总要不断超越别人,超越自己。真正的艺术家在创作中,总是不断探索、勇于改进、推陈出新,竭力创作出前所未有的艺术作品。例如,唐代的韩幹、元代的赵孟頫、宋代的李公麟,乃至现代的徐悲鸿等艺术大师都画过马,但是他们画的马都迥然有别,风格各异。比较图3-1和图3-2中的马感受一下。

图 3-1 赵孟頫的马图　　图 3-2 徐悲鸿的马图

很多作家的文学作品也是有力的佐证,比如,鲁迅的《狂人日记》和果戈理的《狂人日记》,虽然都是小说,且名字也一样,但思想意蕴与艺术风格却完全不同。

艺术作品也只有展现出其独特新颖性,才能使鉴赏主体的心理结构得到拓展与丰富,因此,艺术家一定要独具慧眼,勇于探索,不断创新,力求艺术美的这一特征。

(二)形象性

艺术的核心特征在于它以感性的形象传情达意,所以,艺术美具有形象性,它是由具体、鲜明、可感的艺术作品来体现的。

艺术家在创作中,往往通过不同的形式来传达作品所包含的某些深刻的意蕴。这种意蕴是深藏在艺术作品之中的,具有模糊性、朦胧性、不确定性。作品的艺术形象所拥有的思想意蕴,与单纯的、逻辑的抽象观念不同,它是内涵丰富复杂的思想观念。只有使用具体生动的感性形象,才能将这种思想观念表现出来。

绘画通过线条、色彩等手段创造视觉形象;音乐运用旋律、节奏等手段塑造听觉形象;影视运用画面、声音、蒙太奇构造直观视觉形象;文学运用语言文字工具,实现想象中的多维形象;舞蹈用表情、动作、构图来创造艺术形象。这些都体现了艺术美的形象性。总的来说,艺术美的形象性就是艺术家运用某种特定的材料所创造的反映生活的某种直观的形式,就是艺术家根据现实生活重新创造出来的具体生动的生活图画。

(三)情感性

情感性是艺术美的一个重要特征。艺术区别于其他文化形态最主要的特点在于情感性。

无论中外,各类艺术美都离不开情感,没有情感的灌注,艺术家们就不能在各自的领域创造出有血有肉、栩栩如生的艺术形象。鲁迅说:创作总根于爱。这是对任何艺术都适用的一个准则。没有强烈的爱憎,没有火焰般炽热的情感,艺术就会丧失其生命,就会失去其美的魅力。艺术哲学家丹纳也曾表示,世界上的艺术家都是一些情感丰富、活泼可爱的人。他们敏锐的感觉能够捕捉微妙的关系,分辨细微的差别,能够把形体、色彩、声音等原素和细节融为一个整体,用内在的联系结合得十分完美,使整体成为一个活的东西,并使其内在的和谐性在幻想世界中超过现实世界。

由于希腊人重视感情,热爱人生,酷爱现实生活,对于人的力量有深刻的体会,并力求愉快,这就使希腊的艺术家们常常热衷于歌颂心灵的健康、肉体的完美、朴素高尚的气概、清明恬静的心境,用题材固有的美来加强表现后天的美。

需要注意,艺术并不是简单的情感化的产物,艺术需要通过感性形式表达理性,所以,艺术家在表现艺术作品的深刻性方面更需要的是完整的理性和坚实活泼的心灵。因此,艺术作品是感性与理性的高度统一。

总之,艺术能以各种不同的表现形式自由地展示人类的情感和欲望,全面深刻地表现人类的社会生活。

(四)个性典型性

艺术家往往是以具体个别的感性形象为创造对象。一般来说,感性形象的个性越鲜明、越生动,其感染力就越强烈。综观历史上成功的艺术形象,外形上都是个性鲜明、独一无二的,都是意蕴深刻、内涵丰富的典型形象。所谓典型,就是艺术形象的内容与形式在有机交融中所达到的深刻程度和普遍程度。优秀的作品,无论是小说、戏剧、影视,还是音乐、绘画或者舞蹈,都是通过生动的形象体现出深广无限的意蕴。这种深刻的艺术意蕴,往往是说不尽、道不完的,所以,只要是真正优秀的作品,都具有个性典型性的特征。

艺术家要想让自己的艺术作品典型化,就要把实际生活中本来不典型或不太典型的东西,按照艺术的特殊规律,通过提炼加工改造,使之成为个性鲜明突出、意蕴丰富深刻的典型形象。典型化首先要以个性化为基础,典型形象应当是独特的、具体的、生动的、不可重复的;其次要坚持概括化,要使具体、个别的形象获得尽可能深广的本质内涵。艺术家要通过加工改造,使具体、生动、个别的艺术形象同时蕴含深刻而丰富的社会和人生的本质内容。

任何真正美的、经得起历史检验的艺术形象,都是艺术家自觉或不自觉地按照艺术典型化的要求创造出来的具有典型性的艺术形象。因此,否认典型性,曲解典型化,甚至把它们说成是导致艺术形象公式化、概念化的源头,是不对的。

三、艺术美的功能

艺术的功能在于通过不同的艺术形式来激发人们的情绪,使人们产生对自然、社会和人生的深刻认识与理解。

(一)怡情养性功能

艺术作品非常明显的一个功能就是激发和传达情感。人类的情感本质上必然要求表现或表达的,而艺术是一种特殊的表达方式。它能够将人的情感按照一种合乎规律的方式激发出来,通过宣泄与体验,疏导和转化过分强烈的情感,使情感系统处于和谐稳定状态。这种情感状态摆脱了自然情欲的束缚,甚至种种消极和负面的情感也被升华为一种高级状态。换句话说,人的情感在艺术的熏陶下被"净化"了。

艺术作品总是习惯于通过把握和塑造人物性格的发展历程来表现该人物丰富的个性,以及那不易被人挖掘的灵魂,从而用一种理想的精神状态和人格模式来感染鉴赏者,让鉴赏者的心灵跟随艺术作品中人物的心灵上下起伏。此外,艺术作品所展示、所描绘的广阔而深刻的社会生活图景,能使鉴赏者反观自己的精神世界,从而去追求高尚的人格,进一步完善人生追求。艺术对人格的塑造可以说是潜移默化的,它不像其他教育方式那样带有一定的目的性和强制性。人们都是在艺术体验中按照自身的要求自然而然地进行人格提升。

(二)愉悦娱乐功能

艺术与科学不同,它通过作用于人的感官来表现直观的形象、丰富的情感,而非用客观事实或是严密的逻辑来征服人的理智,让人无从反驳,只有接受。欣赏艺术作品时,人们的身心是放松的、愉悦的,不需要考虑要获得什么知识,懂得什么道理,一切都是自然而然中产生的,人们陶醉其中,愉快享受,所以,艺术美具有愉悦娱乐功能。

在众多艺术类别中,音乐、舞蹈、戏剧、影视等艺术的娱乐作用尤其突出。黄周星曾在《制曲枝语》中说:"论曲之妙无他,不过三字尽之,曰:'能感人'而已。感人者,喜则欲歌、欲舞,悲则欲泣、欲诉,怒则欲杀、欲割。生趣勃勃,生气凛凛之谓也。"[1]他心中的"制曲之诀"是"雅俗共赏",进而再归纳为"趣",认为"趣"就是艺术之所以"感人"的根本。"趣"显然是指出了艺术所特有的娱乐作用。

---

[1] 中国戏曲研究院.中国古典戏曲论著集成(七)[M].北京:中国戏剧出版社,1959:120.

(三)认识启迪功能

艺术植根于社会生活,所以,其必然涵纳社会和人生的真实内容。这也就是说,人们在获得优秀艺术品带给自己的审美享受的同时,还能获得很多方面的知识,增长自己的见识。艺术美不是以传播知识为使命的,那是科学美的使命,只是艺术品本身往往承载着传播人类文化的使命,人们在审美活动中会自然而然地接收到这些知识,所以,艺术美所具有的认识功能是在自然状态下体现出来的。

艺术美能够发挥认识功能,首先体现在能够让人们认识自然和社会。艺术的对象往往是人类社会生活中呈现出的各类事物,大千世界,无奇不有,艺术作品都有可能进行刻画与描述。一般来说,人们通过精准的艺术描述往往能获得丰富的自然知识、社会历史知识,例如,从巴尔扎克的《人间喜剧》中,我们就能学到很多历史方面的、经济方面的、统计方面的知识。其次,艺术美的认识功能还体现在艺术能够让人们认识人类本身丰富复杂的精神世界。人的精神世界是特有的,人有意识与潜意识,人们有时候能够察觉自己的意识,但是难以察觉自己的潜意识,而有些艺术作品能够让人认识到自己的潜意识。例如,莎士比亚就能通过自己的作品,引导读者看到自己经常所看不到的世界,揭露人们心中所隐藏着的一切,不仅是自己心中的,也包括他人心中的。《哈姆雷特》等作品,都是让人们认识人类心灵世界的有力证明。

在艺术创造中,艺术家调动想象和直觉,凭借丰富的生活经验创造艺术形象,所以,艺术常常能启发人们的想象力。例如,天文学家开普勒之所以能完成枯燥巨量的数学计算而发现行星运动的定律,就与受到他的家乡巴伐利亚歌曲——《和谐曲》的启示不无关系。这就是艺术美所体现的重要的启迪功能。

(四)社会教育功能

艺术总是体现着艺术家对描绘对象的思想评价与爱憎态度。

艺术作品往往对读者与观众产生强烈的教育与鼓舞作用。恩格斯就曾提到,德国优秀画家许布纳尔的《西里西亚的织工》这幅画就起到了宣传社会主义的巨大作用。在这幅画中展示了一群西里西亚织工向厂主交亚麻布的场景,画面异常有力地把资产阶级的为富不仁和工人阶级的困苦绝望作了鲜明的对比。厂主与织工之间的尖锐矛盾在画布上展现得淋漓尽致,令观者无不激起对被压迫者的同情和对剥削者的愤慨。

历史中有不少人物都曾强调过艺术的教育功能。例如,列宁认为,真正的文学能教导人,引导人,鼓舞人;车尔尼雪夫斯基认为,艺术应当为人类利益服务,应当发挥"生活教科书"的作用;培根也主张:艺术应当是提升人性,激励人民的。满怀理想主义的伟大艺术家们对于艺术作品的社会教育功能更是看得非常之重。事实也证明,艺术品的教育功能会增强艺术美的社会审美效果,因为这一功能与社会群体的精神审美需求正好相符。

需要注意的是,艺术的社会教育功能与教育者对学生的直接教导是有区别的,它是通过以情动人、细雨润物式的审美感化途径,让人们在不知不觉中受到教育与鼓舞的,而非直接的、灌输式的。我们不难发现,诸多的艺术作品中都渗透着艺术家的审美理想与审美追求,而作品中的情感又感染到欣赏的读者与观众,唤起他们的是非感、美丑感和道德感,让他们自觉地对照自身,思考如何更好地完善自身。

(五)调节补偿功能

由于艺术美是主客观的统一,既能够再现社会生活,又能够反映艺术家的主观感受。艺术家在创造艺术美的过程中获得独特的精神满足,对于读者或观众来说也是一样,在现实生活中无法满足的东西,可以在欣赏艺术美的过程中获得精神满足。这就是艺术美所产生的补偿功能。

不可否认,人们在现实世界中总是面对着各种各样的矛盾。主观与客观、精神与物质、理想与现实、情感与理智、显意识与潜意识等,这些矛盾与冲突常常让人很是烦恼,需要得到暂时的调节。而艺术作品渗透着艺术家的愿望与理想、幻想与梦想,它们能够调和现实世界中的一些矛盾和冲突,让人们忘却现实生活中的不快,沉浸在理想情感之中,这是对不如意的现实的精神补偿。在艺术史上,很多戏曲、小说以"大团圆"结尾的就非常之多。这种落入俗套的"大团圆"结局,其实也体现了一种补偿心理,童话为题材的这类作品非常多。

艺术美的补偿功能实际上是在幻想世界中实现的,当补偿满足之后,人在现实生活中的各种矛盾与冲突就得到了调节,从而达到了某种程度的新的和谐。总的来说,通过艺术让人获得非现实的暂时性的精神慰藉,就是艺术发挥的补偿功能。

当然,我们不应当将艺术美的补偿调节功能无端地片面夸大,因为它并不是艺术美的主要功能,如果夸大这一功能,很有可能会导致一些极端、荒谬的事情。

第三节　艺术美的审美指导与欣赏

一、艺术美的审美指导

在大学美育中,作为美的最为典型的表现形态,艺术美的审美指导是非常重要的一项内容。对于大学生来说,加强他们的审美修养,提高他们的审美能力,教给他们一些艺术审美方法,提高他们的艺术审美效果,是很有必要的。具体的艺术审美指导可从以下几个方面努力:

(一)树立高尚的艺术审美理想与审美趣味

艺术美往往与艺术家的审美理想与审美趣味是紧紧联系在一起的。那么,要想获得更好的审美体验与审美效果,审美主体

第三章 艺术审美

也应当树立高尚的审美理想与审美趣味。

审美理想就是指审美主体对具体可感的、至善至美的一种审美境界的向往和追求;它以现实生活为基础,却是一种对现实想象性、愿望性的设计与改造,因此,它是审美的照明灯。

审美趣味就是审美主体在审美实践中形成的对于各种审美对象所抱的主观态度、倾向、兴趣、好尚与追求,体现了主体在审美活动中实现自我的需要。大学生的审美选择和评价就是其审美趣味最直接的体现。

人们的审美理想与审美趣味会因所处的不同时代、不同阶层而表现出明显的区别。审美理想与审美趣味的性质不同,对于艺术美的判断也会有所不同。例如,法国著名的现实主义画家米勒曾创作了一幅《拾穗》,这幅画真实而生动地再现了农村妇女的勤劳、朴实和善良,是一幅表现农民生活的不可多得的杰作,但这幅作品一问世,立即遭到绅士阶级的猛烈攻击。这正是因为绅士阶级的审美理想与审美趣味与熟悉乡村生活的农民画家米勒是完全不同的。当然,总体上来说,先进的、健康的、高尚的审美理想与审美趣味还是更受人们的接纳与喜欢,而庸俗的、腐朽的、颓废的审美理想则更容易遭到冷落,所以,大学生应当注意树立自身高尚的审美理想与审美趣味,以便能判断出某一事物真正的美。

(二)加强艺术审美理论修养,丰富艺术知识

审美需要感受与体验,需要感情的赋予与投入,也需要理解与判断,这就涉及审美理论修养。一般来说,审美理论修养越高,对艺术作品的审美理解就越深。如果没有理论的武装,审美主体往往就不能将个别与具体的感性形象上升到"新的整体""新的综合"的高度,也就不太可能创造或评价、欣赏一部真正优秀的作品。毋庸置疑,审美理论修养影响一个人的审美水平。

此外,在艺术领域内,不管是创作还是欣赏,都需要有相应的艺术知识。各类艺术都有特定的艺术语言,都有再现与表现生活的方式与特点。例如,我国古典戏曲象征性很强,懂得与熟悉那

些象征符号、象征动作的含义,是欣赏古典戏曲不可缺少的要素,所以,审美主体要重塑审美形象,要理解或把握艺术作品的整个内涵,就需要了解和掌握相应的艺术知识。

(三)树立正确的审美标准和审美态度

审美标准,是指衡量、评价艺术对象审美价值的相对固定的尺度。它在审美实践中形成、发展,并受一定社会历史条件、文化心理结构和特定对象审美特质的制约。标准不同,对于同样的审美对象,人们往往会给出不同的评判,例如,我国唐朝时期,女人是以胖为美的,而现代则以瘦为美。

审美态度,是指人们在进行感知前把客体预设为审美对象时所持的特殊的心理状态。审美态度是一种先验的意识,决定了客体之所以为审美对象而不是被知觉为其他事物。如果主体没有采用审美态度来观照面前的事物,而是以一种实用的或是一种科学的态度去面对它,那么审美对象实际上不会呈现出来,审美活动并没有启动,当然不能发现和欣赏到美。

审美活动是从官能享受、悦目悦耳开始的。艺术作品都是具体可感的,因而首先撼动的是五官,特别是眼、耳等审美感官。但仅仅停留在这个层次上,还是低级的、肤浅的,缺乏真正的艺术所应具备的意蕴。而情感的审美体验则要求在前者的基础上,进入审美的体验阶段,要求设身处地、重新创造审美的艺术境界,达到物我两忘的境地,要求把审美体验进一步提升到"至美至乐"的审美境界。要想达到这种境界,就必须树立正确的审美标准与审美态度。

(四)多欣赏真正优秀的艺术作品

大学生要提高对艺术美的审美能力,有一个直接的途径就是多欣赏优秀的艺术作品。注意,必须是优秀的艺术作品。世界上的艺术作品非常多,但经得起历史考验的、真正优秀的艺术作品还是有限的,大学生要挑选那些真正优秀的艺术作品进行欣赏,以提高自身的艺术审美能力。歌德就曾说:"鉴赏力不是靠观赏中等作品而是要靠鉴赏最好作品才能培育成的,所以我只让你看最好的作品,等你在最好的作品中打下牢固的基础,你就有了用来衡量其他作品的标准,估价不至于过高,而是恰如其分。"[①]总之,鉴赏优秀的艺术作品,能激发鉴赏者的联想和想象,熏陶他们的审美情操,进而提高他们的审美能力。

(五)积极参与艺术审美实践活动

实践是主观见诸客观、化理论为行动的活动。理论是否正确、有效,最终要由实践来检验,所以,大学生要想提高自己的审美能力和审美效果,还应积极、持久地投身于审美实践活动。比如说,要想提高自身的音乐欣赏能力,就要多听声乐、器乐作品;要想提高自身的造型艺术欣赏能力,就要多看画册、多参加美术展览活动。

苏联心理学家捷普洛夫曾做过一项"活动与能力关系"的心理实验:他让完全不懂音乐的被试者练习辨别音调的高低。第一次测试获得32森特的阈限;经过四次专门训练,阈限值降低一半,即16森特;再经过四次专门训练,辨别音调的阈限值又降低一半,仅8森特。这个心理实验表明,审美实践是提高审美能力的决定性环节。虽然人人都能审美,但要获得较高的审美能力,除了了解和掌握丰富的审美理论与审美知识,关键还在于积极参加审美实践活动。

(六)掌握艺术审美策略,提高艺术审美能力与效果

对于任何事情来说,如果策略得当,那么过程会比较顺利,最后获得的结果也会比较好,所以,大学生要想提高自身的艺术审美能力和审美效果,也应当注意采用合适的策略。在艺术审美活动中,可采取以下一些策略。

---

① [德]爱克曼.歌德谈话录[M].朱光潜,译.北京:人民文学出版社,1978:32.

(1)要有超越的审美心态。所谓超越,就是指审美主体在审美过程中,要保持一种不计利害、不计功利的自由心态;面对审美对象时,要超越利害关系和实用关系,达到物我两忘的境地,进入一种纯粹审美状态。艺术鉴赏是一种审美活动,鉴赏者只有从日常生活状态转为审美状态之后,才能进入自由的想象境界,才能与艺术世界中的人物休戚与共,从而产生强烈的情感共鸣。在嘈杂的公共场所或者商业市场环境中,鉴赏者就难以进入想象的艺术世界,所以,营造一种适宜于艺术审美的心绪与氛围是非常重要的。

(2)审美过程要仔细,不要浅尝辄止。艺术审美是一种高级的精神享受,欣赏艺术作品这样的精神大餐,就应当细嚼细品,慢慢消化,最好是"观、品、赏、析"俱全。"观",就是指审美主体要细致地看艺术作品,把握其整体形象;"品",就是指审美主体要细致地观察,体味形象所蕴含的情感、情调与人生况味;"赏",就是指审美主体要细致地思考,发现艺术形象的"美点""亮点";"析",就是指审美主体要细致地审评,即用一定的审美标准,仔细评析作品的优劣,最后做出比较客观的、完整的审美判断。整个过程是一步步推进的,不能一蹴而就,否则必然影响审美效果。尤其是有些优秀的艺术作品,往往比较"新",一下子不能为读者和观众迅速接受,所以,只有反复品味,才能有所发现。例如,唐代画家阎立本初次看到张僧繇的画时并不觉得他的画有多少高明之处,直至反复揣摩之后才惊叹确实是"近代佳手"。

(3)要"知人论世"。"知人论世"一直以来是人们赏评作品的一个基本原则。艺术作品是艺术家再现生活、表现自我的形象与情感的特殊结晶,所以,要鉴赏一件艺术作品,就要尽可能地熟悉这个艺术家,了解他的创作背景。所谓创作背景,一是创作的时代背景,二是艺术家的身世背景。任何一部作品,都是与艺术家所处的时代密切相关的。不了解时代的状况,就很难对艺术作品获得较为深刻的理解与深切的感受。例如,不了解中国封建时代的婚姻制度,就难以理解梁山伯与祝英台的恋爱悲剧。同时,艺术创作与艺术家本人的经历身世也有密切关系。了解了艺术家的经历、身世,就能探测到艺术家在创作时的思想、情绪和心境,有助于鉴赏者去追寻与把握作品的深刻意蕴。例如,不了解元初画家郑思肖怀念故国的强烈感情,就很难理解他的那幅花叶萧疏的《墨兰图》。

(4)多与人交流讨论,获得较为客观的鉴赏结论。艺术审美是一种非常复杂的精神现象,因而没有科学的衡量准则,但是,透过错综复杂的审美艺术现象,人们还是探索出一些艺术审美的共同规则,这些规则虽然不能让每个人认同,但是客观存在的。对于某件艺术作品,到底如何评判它的美,各人往往有各人的看法。但是,如果能多与他人交流讨论,往往就能获得一个相对比较客观的评判结论。此外,审美领域也需要人与人之间的相互交流、相互切磋,这样更有助于人们提高自身的审美能力与审美水平。

二、艺术美的欣赏

要提高大学生的审美水平,可以从引导他们欣赏各类艺术做起。每个艺术门类都有其独特的审美特征和审美规律,在大学美育中,审美指导者应当指导学生多了解各艺术门类的审美特征和审美规律,让他们懂得怎样真正欣赏艺术美。以下就对书法、建筑、雕塑、绘画、音乐、戏剧等艺术门类的欣赏要素进行相应的说明。

(一)书法艺术的欣赏

书法是一种带有实用性和表现性的艺术,它之所以能成为一门独特的艺术,首先是因为它的书写对象是汉字,汉字本身具有表现性,其次是因为它多用毛笔书写,可以写出不同风格、不同字体,传达出书写者丰富微妙的内心感情。

汉字形体的发展是按甲骨文、金文(钟鼎文)、篆书、隶书、草书、楷书、行书等顺序演进、发展的,书法艺术也正是伴随着这个演进过程而发展的。篆、隶、楷、草、行是中国的五大书体。

篆书分大篆和小篆。大篆是在甲骨文、钟鼎文的基础上演变而来的,是较早期古文字,因而更加规范严整。小篆是秦统一六国后,在秦国使用的大篆的基础上整理出来的,它使汉字书写更加规范化,奠定了汉字"方块字"的基础。

隶书产生于秦代,在汉代成为正式字体。隶书是汉字发展史上又一次重大转变,汉字的形体结构发生了很多变化。方折取代了篆书的圆,使横方形状的文字取代了篆书的长方,基本奠定了两千年来一直沿用的汉字形体的基础。

楷书始于东汉,形成于魏晋,盛行于唐代,由隶书演变而来。其形体方正,横平竖直,笔画清晰,准确易识,是一种便于书写的"楷模"字体。它从魏晋以来成为通用正体,一直沿用至今。

草书有章草、今草和狂草三种。章草由隶书演变而来,始于汉代;今草是章草的发展,是楷书的快写体,从东汉流传至今;狂草是在今草的基础上任意增减笔画,恣意连写,兴于唐代。

行书是介于今草与楷书之间的一种字体,大约产生于东汉末年今草与楷书流行的时候。它近于楷而不拘谨,近于草而不放纵,笔画连绵而各守独立,清晰易认便写。

在欣赏书法艺术作品时,我们着重要从以下三个方面来进行:

第一,点画线条。书法是线条的艺术,线条具有力量感、节奏感和立体感。力量感一般指运笔精熟得法,用墨沉着,力劲气足,神情勃发。当然要注意,雄健刚劲如刀斩斧截是力,轻盈柔婉似水流花放也是力。这种"力",实质是书写者用心力驱使线条所创造出的"骨力"和"内劲"。节奏感大体可以分为两个层面,在字的层面是指由于运笔力重、笔锋以及速度的不同而产生的粗细、长短、虚实和大小等富于韵律的变化样式;在章法的层面,字与字的承接、辅翼等也是节奏感的鲜明体现。立体感一般是指字的线条中心稍浓、四周略透,显出了一定的层次及厚度。在书法中侧锋用笔,作为中锋的补充和陪衬,也可以增加层次感,使笔墨显得饱满圆润。

第二，空间结构。笔画的书写遵循汉字结体原则纵横交错，虚实相间，就形成了书法的空间结构。空间感使得字体参差错落，变化多姿，起伏跌宕，如行云流水。例如，黄庭坚就擅长行书、草书，其书以侧险取势，以横逸为功，结构舒展大度，意态纵横，代表作有《华严疏》《松风阁诗》《王长者、史诗老墓志铭》及草书《廉颇蔺相如传》等。

第三，神采气韵。神采，强调书法作品要透出人的性情，体现出书写者的情感、气质。人们常说"书如其人"，一幅书法作品，实际上就是书写者情感、气质的外化与表现，透过它能够体察到书写者的感情、境界和意趣。例如，颜真卿一生刚直不阿，不徇私、不畏权奸，最终为唐王朝壮烈捐躯，他的书法就雄健刚正，充溢着忠义刚烈之气；而元代赵孟頫是宋王朝的后裔，入元为官，他的书法则清丽温润，有一种阴柔美，颇有委曲求全的意态。

（二）建筑艺术的欣赏

建筑是人类利用砖石、木材、混凝土等各种材料建造出来以供居住或活动的场所。它既满足了人们的实用需要，又体现着一定的审美要素，所以，建筑艺术是实用性与审美性的有机统一。

建筑从功能上来分，一般可以分为纪念性建筑、宫殿陵墓建筑、宗教建筑、园林建筑、社会公用建筑、住宅建筑等。各类建筑的功用不同，实用与审美所占的比重也就不同。宫殿陵墓建筑、宗教建筑、园林建筑非常注重艺术性，例如，苏州园林，其亭台楼阁、假山池沼的布局，顶脊檐拱、廊柱门窗的装饰，都十分讲究。社会公共性建筑，其功用不一，审美追求不尽相同，有的追求实用性，有的追求艺术性。城镇住宅建筑的审美要求相对来说不算突出。

欣赏建筑艺术时，要注意以下几个方面的内容：

第一，实体布局与环境的和谐。好的建筑往往是将实体布局与周围的自然环境融为一体的。

第二，造型。造型是建筑艺术的基本手段。造型和谐是建筑艺术经常追求的一点。在表现造型和谐的诸多手法中，首先是对称平衡。无论是古西亚的王宫、古希腊的神庙、古罗马的斗兽场，还是中国的宫殿、宝塔、庙堂都有个中心点和中垂线。均衡对称产生安稳感，这是建筑实用要求的艺术表现。其次是比例。在漫长的生产实践和艺术实践中，人类形成了自己特有的创造美的尺度，把这种尺度运用到建筑上，就形成了建筑的比例。仅是支撑顶盖的柱子，古罗马就有不同比例的五种样式。不同比例产生不同的姿色和风格。文艺复兴和古典主义的建筑学家都用黄金分割律来进行建筑的构图设计，现代建筑大师们甚至在人体解剖中也发现了黄金分割的比例，他们把人体的数学图解与建筑的空间关系协调起来，创造出现代建筑的"模度"观念。

第三，装饰。装饰是建筑形象不可分割的因素，建筑如果少了必要的装饰，其艺术魅力将大大减少。建筑装饰主要表现为着色、彩绘、雕刻以及其他设施。中国古代建筑的门廊、台柱、窗沿总是缕金彩绘、雕龙刻凤，即便是屋顶，也是琉璃参差、色彩斑斓，例如，故宫的每个殿檐角都根据其结构特点，绘制着彩画、冷色调的青绿色块在地面反光中透着金色的光点，华而不俗，丽而不艳。屋顶上，金色的琉璃显示出一座大殿千变万化的轮廓，翘起的屋角向外、向上探伸，使庞大、沉重、高耸的屋顶似春燕展翅般轻盈。在这金色屋顶的海洋里露头的是各种珍禽异兽的装饰。

第四，韵律。这主要指建筑结构的有秩序排列和线条的起伏，它主要由三个方面来体现：一是结构的重复。例如，人民大会堂的石柱，北海万佛楼的拱门，特别是罗马小体育馆，它四周的混凝土支柱一个个向上分开，仿佛是无数运动员手拉着手，支托着上方的圆顶，既显示了一种"力"的造型，同时，又像诗一样，表现出某种音韵的律动。二是线条的运动。不少建筑就是通过对线条的妙用来传达出神韵气质的。直线给人一种刚劲、洗练、明朗、单纯的感觉，而曲线优美、柔润。好的建筑很多都是把直线和曲线统一起来。武汉的黄鹤楼屹立在蛇山顶上，给人一种线的垂直稳重感,然而每层挑起的檐角微微上翘,轻盈欲飞,又显出了动势。这里线的直曲刚柔动静得到了完美统一。三是层次与序列。建筑的四维空间性常常显示出建筑的艺术感染力。比如,中国的园林进门往往是一个紧缩的小院,造成某种空间压力,渲染紧凑的节奏气氛,然后峰回路转,豁然开朗。通过空间分割、对比、借景等手法造成山径起伏、小廊回环、曲径通幽的效果,步随景移,景由步动,有张有弛,有宽有窄,有静有动,有明有暗,从而表现出明快的节奏运动。

第五,风格。建筑风格主要体现在民族风格与时代风格上,不同的民族由于不同的历史条件诸如文化传统、地理环境等,往往形成不同的宇宙观念、心理气质、风俗习惯、艺术追求和社会人生态度,这些都会在建筑上表现出来。例如,西方建筑多强调个体结构,往往以个体的平衡、对称见长;中国的建筑多强调群体组合,往往以组群的匀称、和谐著称。西方建筑多用砖石结构,色彩灰暗,显得厚重、冷硬、孤傲,不可一世;中国建筑多用木结构,并在外面做缕金绘彩,显得轻盈、活泼、柔和亲切。西方建筑四面洞开,多用柱式,显得开朗阔大,强调与外界的连接;中国建筑多为封闭式结构。无论是园林还是建筑组群,往往都用高大的围墙甚至是河沟环绕,但又强调内部空间的连接和秩序。

(三)雕塑艺术的欣赏

雕塑是指用可雕刻的材料(如金属、竹、木、石、玉等)或可塑性材料(如黏土、油泥、面泥等)塑造成可视、可触的立体艺术形象,以反映情感、表现生活的一门艺术样式。

雕塑主要分为圆雕和浮雕两类。圆雕是指不依赖于任何背景,可以独立摆放,适合于多方位、多角度欣赏的全立体的雕塑。浮雕是指在平面上刻出凸起形象的雕塑。浮雕只能从正面去欣赏,多建于建筑物的平面或某一件器物上,我国许多名山上的摩崖石刻就有浮雕佛像。

欣赏雕塑艺术时,应当着重欣赏雕塑的造型美、含蓄美与环境美。

第一,造型美。雕塑艺术家对体积和形体变化十分敏感。他们善于利用和强调体积的组合变化,注重用体积说话,注重体积内部部分与部分间的搭配、组合、协调。雕塑作品的造型美,显示出雕塑艺术的永久魅力,能够给人们以美的享受。欣赏雕塑作品,首先要看能不能感受到它以形写神、形神兼备、栩栩如生的完美造型,进而做出中肯的分析和深刻的理解。

第二,含蓄美。雕塑往往不仅给人以形体的美感,还会以自身所表现出的精神和生命给人含蓄美,所以,欣赏雕塑作品既要能认识表现其形式的外在的造型美,更要能体会表现其内容的内在的含蓄美。含蓄就是含而不露、耐人寻味的意思。雕塑家罗丹先生创作的巴尔扎克雕像,选取了夜晚披着睡袍写作的巴尔扎克的形象,让观者感受到大文豪独一无二的个性特征。

第三,环境美。雕塑家在创作时,不仅要考虑雕塑自身形象的完美,还要顾及存放的环境、作品的大小及其与观众的远近距离,以取得观众鉴赏的理想的审美效果。例如,在鲁迅故居放置鲁迅雕像,在音乐学院的钢琴室放置贝多芬的雕像等,都是考虑到雕塑与周围环境的和谐,力求使雕塑同时具有环境美。

(四)绘画艺术的欣赏

绘画艺术是通过一定的线条、块面、色彩在二维平面的画幅上描绘具体的、个性化的图像以反映现实生活或展示想象世界,表达思想情感的一门造型艺术。

世界绘画艺术大体可分为东方、西方两大体系。东方绘画以中国画为代表。中国画是在中华民族的土壤上长期形成和发展起来的、自成体系的中国民族绘画。它是用毛笔、墨以及中国画颜料,在特制的宣纸或绢素上作画。中国画以写意为主,讲究"形神兼备""气韵生动"。在技法上,中国画重视笔墨,讲究运用线条、墨色和轻重彩色来创造效果。西方绘画以油画为代表。油画起源于15世纪的尼德兰,后来传到意大利等国,经过许多画家的实践后变得更加完善。油画以油剂调和颜料,在经过制作的不吸油的平面(如亚麻布、纸板或木板)上进行描绘,其颜料可以重叠,具有很强的写实性。油画在技法上吸收了透视学、色彩学、解剖学等新科学的研究成果,表现出与中国绘画迥然不同的风格。

欣赏绘画艺术时,主要应抓住线条、色彩、构图等方面。

第一,线条。线条是画家用以表达自己的感觉和情感的造型语言。在画家用线条标出空间界限,勾画出物象轮廓的同时,画家的情感也随之流动并凝聚在画面上。不同的画家在线条上往往有不同的风格。例如,唐代画家吴道子的线条,圆转飘逸,甩力错落,反映了他奔放、潇洒的气质;元代倪瓒的线条,枯涩中见丰润,疏朗中见遒劲,反映了他清逸和淡泊的个性;意大利达·芬奇的线条冷静、准确,反映了他精确、理性、富于逻辑性的个性。

第二,色彩。绘画的色彩来自客观世界的光与物体,由于光的不同,万物呈现出千变万化的色彩。跟色彩相关的属性有色相和色性等。色相是色彩的基本特征,在物理学意义上是指光谱成分,日常使用中色相指各种颜色,如红色、橙色或黄色等。色性基本分为暖色和冷色两类,暖色给人以热烈、温暖、外张的感觉,冷色给人以寒冷、沉静、内缩的感觉。画家正是利用色彩的丰富特性和无穷变化构成了一幅幅美丽的图画。

第三,构图。在绘画过程中,绘画者会依据美学原则,合理安排画面中各种元素的位置和大小关系。构图具有极强的情感意义。例如,水平式的构图常常暗示着安闲、和平、宁静;倾斜式的构图常蕴含着动的趋势;金字塔式的构图常暗示稳固、持久;锯齿形的构图常包含着痛苦和紧张;倒三角式的构图则显示出不稳的危机;圆状的构图常暗示着圆润、圆满。

此外,在欣赏绘画艺术时,要注意从直觉入手,在联想中欣赏;要注意从作品的形式特点入手,静观细察,把握绘画作品的点、线、面、色彩、构图、质感等。

(五)音乐艺术的欣赏

音乐是一种听觉的艺术、时间的艺术,它既能直抒胸臆用最直接最强烈的音调感染欣赏者,也可以以其抽象的特性带领听众极尽玄想。

音乐按照风格的不同,可以分为民间音乐、艺术音乐和通俗音乐。民间音乐是由人民群众在劳动生活中自发创造、广泛流传,与群众生活有着密切联系的音乐形式。民间音乐的艺术形式丰富多彩(如民歌、民族器乐、民族歌舞、曲艺等),表现风格朴实无华,蕴含着丰富的生活气息。艺术音乐,是指作曲家自己创作或经过作曲家修改、加工而成的音乐作品。从创作上看,艺术音乐都是在一定的理论和技巧指导下进行创作的;从表演上看,艺术音乐要求表演者有很好的演唱条件和艺术修养。艺术音乐的发展与进步,常常被看作一个国家和民族音乐水平的标志。通俗音乐,又称流行音乐、大众音乐,是介于民间音乐与艺术音乐之间的一种音乐形式。通俗音乐分为通俗歌曲和通俗器乐两大类。

欣赏音乐艺术时,要注意从以下方面来欣赏:

第一,节奏。节奏是指音乐中交替出现的有规律的快慢、强弱、长短的变化。节奏是音乐的骨架。一般来说,急促的节奏可以表现出热烈、活泼或紧张的情绪;悠长的节奏可以表现出宽广的胸怀和悠闲的心绪;中等的节奏可以表现出庄严、隆重或队伍行进的情境。

第二,旋律。旋律是乐曲的基础,乐曲的情感是通过它表现出来的。旋律有上行、下行、平行三种常见形态。一般来说,连续的上行构成上升的旋律线,常常用来表现情绪的逐渐高涨,体现激昂的壮美;连续的下行构成下降的旋律线,常常用来表现情绪的逐渐平静,体现幽怨的秀美。各种旋律线可以与人的各种情感动态轨迹相吻合,塑造丰富多彩的音乐形象,所以,有人说"旋律是音乐的灵魂"。

第三,音色。不同的发声体(人的声带或乐器)在振动时发出的声音有不同谐音组合,形成独特的色彩特质就是音色。人们欣赏音乐感到悦耳动听,音色美就是一个重要的原因。例如,听到双簧管舒缓的演奏,就能感受到一种田园风情;听到小号刚劲的演奏，就能感受到一种威严和雄壮的气势。

第四，和声。两个或两个以上的音按照一定的规律同时发声，所产生的音响统称和声。三个以上的音，按三度音叠置称为和弦。由于音程的关系，和弦分协和与不协和两大类。协和和弦辅助旋律、节奏，能给人以和谐的美感；不协和弦则相反，常常给人以不祥和、压抑的感觉。欣赏的时候，看看作者有没有运用和声，一般来说，和声能以不同的力度丰富音乐的表现力，增强音响效果的美感，使乐曲蕴含更为丰富的内容和情感。

（六）戏剧艺术的欣赏

戏剧是以文学剧本为基础，以演员表演为中心，辅以舞台、服装、灯光和道具等多种艺术手段来塑造人物形象，反映社会生活的一门综合艺术。

戏剧的分类方法有很多。根据题材的不同，可分为神话剧、历史剧、现代剧；根据结构不同，可分为多幕剧和独幕剧；根据矛盾冲突的性质的不同，可分为喜剧、悲剧和悲喜剧。

戏剧主要由剧本、表演和物质形象构成，所以，欣赏的时候也主要从这三个方面来进行。

第一，剧本。剧本是舞台演出的依据和基础，它直接决定着戏剧的思想性和艺术性，其质量的优劣，对戏剧演出的效果具有决定性的意义。

第二，表演。演员的表演在戏剧中居于本体地位。演员通过扮演角色，展示人物性格，反映社会生活。演员的表演是演员审美感受的"外化"，演员需要通过体会导演的意图，分析和理解角色的性格，并借助于表演技巧，才能实现对剧本角色的再创造，塑造出生动感人、富有个性化的舞台形象。

第三，物质形象。物质形象主要指戏剧舞台的布置、灯光、服装、道具、音响效果等。好的物质形象应当是根据表演形象来配置，使物质形象与表演形象有机地结合为一个和谐的整体。

第四章 审美范畴

无论在现实生活中,还是在文学艺术作品里,丰富多彩的审美现象给人的感受都存在一定差异,而这些不同风格与形态的美,如优美、崇高、悲剧、喜剧等能使我们更加具体、更加深入地了解和掌握美和审美的本质及其特性,更加自觉地进行美的欣赏、美的创造和审美教育活动。

第一节 优美与丑、荒诞

一、优美

在中国,优美也被称为阴柔之美。中国传统美学常用"和""柔"等概念来概括和描述优美。《左传》中记载,晏子认为,音乐将"清浊、大小、短长、疾徐……"等对立因素组合在一起,如做羹一样,"济其不及,以泄其过",然后达到多样统一的"和"。这个"和"便是形式上完整协调的优美。"美在于和谐",这是人们最初对美的认识,这个美,就是优美。优美的特性之所以是和谐,就是因为主客体的矛盾没有表现为激烈的抗争,而是处于一种统一、平衡、和谐的状态,如鸟语花香、风景如画的自然景色,这些境界就是优美。

优美是最早的审美形态。古希腊时代的造型艺术可以看出人类对优美的崇拜。那时,人类思维还无法区分美的本质和美的表现形态,还无法对美进行严格的哲学思维,甚至直接把美和优美等同起来,把那些有益于人类的对象纳入审美活动范畴中。

优美的对象包括多种形态,以不同情调感染主体。有的侧重于恬淡、幽雅;有的侧重于哀怨凄苦。例如,杜甫的诗句:"细雨鱼儿出,微风燕子斜。"这景色,表现出诗人愉悦的情感,充满了优美的诗情画意;又如,微风轻拂的柳园,清静、温柔的月夜,海浪轻拍的沙滩,祥和、幸福的社会生活等,无不体现着优美的景象。

优美的对象体现了柔的特点,呈现出轻柔之美。例如,当代舞蹈家杨丽萍表演的《孔雀舞》,那种戏水、展翅、沐浴等动作,达到了惟妙惟肖、活灵活现的地步;西方文艺复兴时期的艺术大师达·芬奇创作的油画《蒙娜丽莎》,那种迷人的微笑和优雅的神态,令人看后心境平和、赏心悦目。

优美的表现形态有:(1)婉曲美,如随意性、自由的曲线,随风起舞的柳枝、纷纷扬扬的雪花、婀娜多姿的少女等,这些富于审美旋律的形象使人感到轻盈舒展,生机盎然。(2)典雅美,它是一种含而不露、宁静端庄、韵味无穷的优美,给人的美感是凝重含蓄、华贵而秀雅,如淡白的玉兰、凝寒的秋菊。(3)妩媚美,这种美多用于女性,但有时也可指自然景色,如容貌娇艳、姿态轻盈的女性,妩媚艳丽的牡丹花。(4)幽静美,它不仅指审美对象在空间上表现出的那种高阔、幽远、深邃给主体营造的一种空灵而柔和的美感,而且指审美对象在时间上表现出的那种相对停滞、凝固的状态给主体以静谧、肃穆、宁和的美感。例如,幽深的溪涧、清净的大自然等。

从审美客体的形式上看,优美的感性形式上是轻盈飘逸、娴静淡雅、鲜丽清新的,显现出美的自由。例如,古希腊的雕刻艺术珍宝《米洛的维纳斯》,雕像裸露的上身和线条下垂的衣裙覆盖着的下半身,结合得十分自然,并构成巧妙对比,不仅显示了女神的健康丰满,而且使整座雕像在稳定中富有变化。又如,中国古代的雕塑中的汉代舞俑,表现女子"长袖善舞",翩翩动人的形象;唐代的一些彩绘舞俑,身着阔袖宫服,舞姿轻曼;还有宋代晋祠中那些左顾右盼、清丽文秀的宫女都是属于优美的形象。

优美感的心理过程是流畅单纯的,没有曲折转化。例如,杜甫的《春夜喜雨》中"随风潜入夜,润物细无声"一句,既写出了春雨自身纤细绵密、化育万物的优美,又可以使人的心灵宁静下来,余味深长,给人幽远、安宁的深邃感。

在整个美育活动中,优美是一种基础形态。例如,莫扎特优美的钢琴曲、宋代词人李清照凭栏听雨的词风、取自莫高窟"飞天"灵感的舞蹈——这些都能让人从中感受到美。因此,优美是普遍存在于自然界和社会生活中一种审美形式,也是人一生中接触最多的美的形式。在其作用上,优美可以对各个年龄阶段、各个心理水平的人产生正向引导作用。

二、丑

什么是丑?丑是现代美学范畴之一。丑是对人的本质力量的歪曲和否定,是事物表现出的违背人的意志和愿望的、在形象上现出畸形的、片面的、怪异的、令人生厌的一种特性。主体的情意与对象的生机是乖戾而不和谐时便会产生厌恶,也就是丑的感受。枯藤老树就其自然特征来说,也是丑的。以此类推,充满生机的清泉是美的,臭水则是丑的。文学也是如此,如齐梁间的诗歌,华艳绮靡,徒具形式,缺乏神韵和风骨,故病弱萎靡,便是形神不能合一的丑的典型。

尽管丑在内容上违反人性,冷酷、自私、残暴甚至嗜血成性,在形式上违背美的规律,不和谐、不成比例、变形、夸张,但是当它转化为艺术之后,它的背后就隐藏着美,隐藏着艺术家对美的歌颂与揭示。或者,丑的外表并不是人或事物的本质,真正的美是心灵,揭示丑就是为了衬托美。没有丑,就不能显现出美的价值。正因为丑的对比,美才显得更为可贵,可以说丑是通过其与美的差异来让人珍惜美。例如,法国自然主义小说家左拉曾写过一篇名为《陪衬人》的短篇小说,小说通过企业家杜朗多创办"陪衬人代办所"出租相貌丑陋的女性,牟取经济利益的故事,揭露了西方资本主义社会和资产阶级践踏人格尊严,把一切都看成是商品以获取金钱的剥削本质。这本是作者虚构的一个故事,但是当作者把它放在商品社会的现实背景之中,运用超凡的构思和艺术创造时,就形象、生动且深刻地揭示了资本主义商品经济活动的残酷性和资产阶级唯利是图的本性。小说一方面以似扬实抑的讽刺笔法写杜朗多的成功,另一方面通过丑女的血泪控诉写出其悲惨处境和内心痛苦,两相对比,说明杜朗多的所谓成功,实际上是建立在对于穷苦丑女的残酷剥削和精神压迫的基础之上,强化了作品的批判性。读者在细细品读之后,对于何为"美"、何为"丑"的问题,自然会更深刻,也更明白。小说中杜朗多将人作为商品直接投入市场,而不管别人灵魂的苦痛,只顾自己发财赚钱的行为,比其他商人更卑鄙、更丑恶,其所谓的"创造"精神和异想天开对社会、对他人具有更大的危害性。那些自以为是的所谓美女贵妇,实际上才是一具具无比丑陋的行尸走肉;而那些外貌看似丑陋,但却有自己的灵魂和特点的女性,才是足以让这些丑陋的、徒具躯壳臭皮囊的行尸走肉害怕的真正的美女。又如,雨果在他的《巴黎圣母院》一书中,用了双重的美丑对比手段来突现人物之美,如外形丑陋的敲钟人卡西莫多与美丽的吉卜赛女郎之间的对比,以及敲钟人自身外在丑的形象与内在美好品质的对比,更是令人叫绝。再如,17世纪西班牙画家委拉斯凯兹画的《教皇英诺森十世肖像》中教皇的形象,本身是极丑的,那斜视三角眼、紧竖的眉头、鹰钩鼻子,展现了他那威严中的狠毒阴险;他双手扶椅、左手那一张签条,正襟危坐的姿势,尽显教皇的权威;这一切表现了此人的丑陋嘴脸,但这也只是揭露了客观现实的丑,并不等于艺术的"丑",其实艺术家在这里充分运用了艺术才艺,把一个现实之"丑"放入艺术美的框架中,让我们在厌恶生活之丑的时候,全身心的欣赏着的却是艺术家展示艺术形象的崇高情怀与技艺美。

另外,美和丑是可以相互转化的,在艺术作品中,艺术家常常以丑衬美,化丑为美,使得作品充满生机和情调,并充分体现了艺术家的创造力。例如,在日本电视连续剧《姿三四郎》中有一个叫桧垣的,当他的内在品质由邪恶转变为善良时,在形象上(如表情、动作、语言、头发样式等)也相应地发生变化,这就是丑向美的转化。又如,罗丹在评论弥勒的《扶锄的农民》这一画作时说:"弥勒表现了一个可怜的农夫,一个被疲劳所摧残的、被太阳所炙晒的穷人,像一头遍体鳞伤的牲口似的呆钝,扶在铁锹柄上微喘着,这时只要能在这个受奴役者的脸上刻画出他那任凭命运摆布的形象性格来,那么就能使这个恶梦中的人物,顿然变成全世界最美的象征。"[①]这实际上也是由丑转美的一个表现。

　　在特定的背景和环境中,美丑判断常常具有相对性的一面。主体对美、丑的审美感受有一定的共通性,但其标准不是绝对的。白种人和黄种人都以肤白为美,非洲的摩尔族人却以黑皮肤为美,甚至非洲西海岸的黑人还认为皮肤越黑越美。亚洲人尤其是中国人以高鼻梁为美,但塔希提人认为鼻子太高是丑的,鼻子越扁平越美。这些审美差异都显示了不同地区、不同民族之间的文化差异,对于这些差异,我们要以尊重的态度视之。同时,随着时间的发展,人们的审美意识和审美观念也在不断变化和发展,从社会发展潮流来看,总体上是进步的审美观念在逐步取代落后的、错误的审美观念。例如,自南唐产生并迅速流传的女性缠足带动了畸形的审美意识和审美观念,近现代以后,随着科学理性思想的传播,这种损害女性身心健康的审美观念已经过时,人们反而崇尚健康的审美情趣,这实际上就是一种审美意识的发展。

　　有时,同一对象因具有美丑的两重性特征,我们会根据其主导性的一面做出判断。主体在体验审美感受时,往往会根据当时的心境采取不同的价值判断。对于那些美丑兼于一身的对象,则以其主导倾向为主,对立面只是一种陪衬而已。

　　在美育中,审丑是以丑和美为对立,审查、感受、评判美的一种常见活动。在人的审美活动中,通过对丑的否定来肯定美,并

---

① 刘鸣,常文学.文艺美学[M].北京:中国戏剧出版社,2005:99.

在人不断追求美的过程中,不断地遭受否定,从而发展美、丰富美,促使美不断地向更高的理想境界迈进。因此,丑是美的一种具有积极意义的否定因素,它的活跃与运动,使美不会变得平庸、肤浅,反而日趋丰富多彩,日益成为人达到审美理想的必要因素。例如,罗丹所塑造的雕像《老宫女》,她的身上筋骨突起,又布满了一条条荆棘般的皱纹;干瘪的胸腹无力地松垂着,两条如枯柴般的胳膊僵硬地挂在身旁……这样一个形象,按通常对美丑的理解,恐怕没有人会说是美的,但罗丹对此有他自己的见解。他说:"在自然中一般人所谓的'丑',在艺术中能变成非常的美。在艺术中,只有那些没有性格的,毫不显示外部和内在的真实的作品,才是丑的。"罗丹的这段话说明了这样一个意思,即"丑"可以用来衬托美,观众和读者在以审美的眼光审视"丑"的作品时,常常会在美丑对立统一中形成的一种审美"复调结构",比起欣赏单纯的优美或许要更为复杂、丰富和耐人寻味、启人感悟,这也是丑作为"美"的一种审美范畴的价值所在。

三、荒诞

19世纪末以来,此前一直高歌猛进的西方文化的内生矛盾不断积累,逐步引发了人们对于现代性的反思和怀疑,荒诞这一的审美形态应运而生。荒诞的形式是怪诞变形、不可思议的,它的内容是荒谬不真的,它呈现出现代人面对生存困境时的一种基本情绪,是一种具有现代意义的审美形态,这种审美形态的核心意蕴便是荒诞意识。荒诞意识是现代人对自身尴尬困境的自觉反省,展现的是与人敌对的东西,是人与自然、社会的最深的矛盾,反映的是西方人在面对现代性危机时的困惑与苦痛。

荒诞审美情感的产生是与现代社会中人性的扭曲联系在一起的。在现代社会,科技的进步最大限度地显示出技术理性的强大控制力,但是技术理性并不能解决现代人所面临的全部问题。实用主义的流行,劳动异化的加剧,世界大战的威胁,人与社会、人与自然以及人自身的分裂的凸显,使现代人在沦为功能化的机器人的同时,也对信仰以及理性自身产生了怀疑。人们感到生活的前景变得比以往更加黯淡和虚无,并不可避免地产生了悲观绝望的情绪,在现代人的心目中,"上帝"已经缺席,人的生存变得毫无理由。在这种情况下现代人日渐沦为逡巡于世界之中的无家可归的异乡人,荒诞遂成为他们与世界的唯一的联系。

就审美形态的形成看,荒诞源于西方一个称为荒诞派戏剧的现代艺术流派,之后风行于小说、绘画、音乐、电影等各种艺术样式。其内容让人难以理解,例如,英国作家塞缪尔·贝克特的戏剧作品《等待戈多》、西班牙画家达利的《内战的预感》、法国作家加缪的小说《局外人》、奥匈帝国作家卡夫卡的《变形记》等,这些作品都展现了荒诞的美学特征,即反形式、反英雄、象征性。

假如说优美的意象世界是"和"形式的,崇高的意象世界是"无"形式的,那么荒诞的意象世界则是"反"形式的。在艺术表现中,荒诞常常体现在怪异的图画、反复无序的戏剧情节中。在这些作品中,传统的和谐的、规整的审美意识被彻底放逐,艺术家们反而会选择那些无迹可寻、令人捉摸不透的形式来表现自己的抗争。因此,如果说优美的意象是在和谐的氛围中实现的,崇高的意象是在对抗中完成的,那么荒诞的意象则是在破碎的世界中展现的。也因为如此,荒诞派艺术家们嘲笑古典理性与信仰所创造的优雅文化和所追求的崇高精神不过是同动物一样的"原欲",骨子里装的是虚伪,于是,他们给蒙娜丽莎画上胡子,给裸体的维纳斯穿上比基尼游泳衣,让拾穗的农妇拾垃圾。

尽管荒诞艺术通过非理性、反逻辑的方式来解构和对抗西方启蒙以来推崇的工具理性,但创造主题最终还是会回到对生活的清醒的理性认识的基调上。例如,卓别林主演的《摩登时代》中,那个在工厂高速传送带上成年累月拧螺丝帽的工人变成了活机器。下班后,头昏脑涨,手里仍然拿着扳手,做着机械的动作,以致把迎面走来的妇人的乳头当螺丝帽拧。这一荒诞的动作典型地表现了人性被资本、机器、病态社会所扭曲和异化,无意间就会引起人们的普遍关注与深刻反思，并促使人们从噩梦中警醒过来，质询人生的真正意义，探求生活的真正道路。由于荒诞往往背离传统的艺术表现手法，采用暗喻、寓言等象征形式，充满了更多的主观表现性、变异性，因而能给接受者以更大的想象与思考空间，引导人们在反复品味中从浅层走向深层，从有限走向无限，从荒诞的直观前景去探索其严肃的背景意蕴。

作为20世纪工商与科技文明同现代派艺术相结合而生成的一个新的美学范畴，荒诞的基本特点就是以无意识和非理性来展现生活，即在荒诞派艺术家看来，社会生活的本质就是无意识和非理性的。在其功能上来看，荒诞的审美有助于引发人们对生存状态的惊叹和诧异，而以荒诞的形式表现出来的行为又常常有助于表现人们在现实生活中的无可奈何，进而引导人们去深思工业文明和传统理性。例如，波德莱尔的《恶之花》就将罪恶描写得像花朵一样美丽，在诗集中，波德莱尔坦承人类的恶，好比一次发现人性悲剧的旅程，他看见了人间的灾害苦难、疾病折磨、信仰缺失、道德败坏。他认为，人是天堂和地狱永恒矛盾的产物，无时无刻不挣扎于两者召唤之间，一个来自上帝，一个来自撒旦，所以，人有着升至静谧天国的理想，也有坠入无底深渊的欢愉。"恶之花"这个题目本身就是一个矛盾体："花"象征纯洁无辜，本不该与"恶"为伍，却被波德莱尔联系在一起，在此代表专属于恶的一种美。《恶之花》刚一出版，便引来了毁誉参半的评论，之后甚至招致法庭的制裁。反对者将它斥为文学界的丑闻，支持者则歌颂它为诗的最高境界，写下《巴黎圣母院》的雨果便将它赞誉为"闪烁夺目的明星"。正如标题《恶之花》所点明的，它是从最黑暗深沉的土壤间孕育出的一朵奇葩，有人看见花朵的璀璨光华，有人却闻到湿泥间散放出的腐朽恶臭。

第二节　壮美与崇高

一、壮美

壮美主要指"事物雄壮、粗犷、刚健、豪放的美"[①]。它是审美对象以其粗犷的形式给人以心灵的震撼，激发人们崇敬和赞叹，从而提升和扩大人的精神境界。

壮美普遍地存在于自然界、社会中、艺术里。雄伟的高山、壮阔的大海、凌空的彩虹等是自然之壮美；宽阔的十里长街、高大的百米高楼、飞架的长江大桥等是社会之壮美；豪放的诗词、壮丽的画卷、英雄的赞歌等是艺术之壮美。虽然过去美学界忽略了壮美，但壮美作为人类的重要审美对象始终存在着。

从形态上说，壮美的对象是粗粝、庞大、凹凸不平、有棱有角的；从色彩上看，壮美色彩鲜艳而炽烈，浓墨重彩，斑斓夺目，璀璨壮丽；从力量上看，壮美表现为一种强大的、外溢的态势；从境界上看，壮美阔大宏伟，大开大阖，包举宇内，席卷八荒；从气韵上看，壮美奔放雄壮，荡气回肠，豪情四溢，情味昂扬。从客体的角度看，壮美的事物一般具有巨大、刚健迅猛的特点。

壮美的事物一般在空间上拥有巨大的形体，如无垠的大漠，一望无际的草原，连绵起伏的群山，直插云霄的山峰。壮美的气势体现了有限中的无限，体现了强大的生命力。"日月之行，若出其中；星汉灿烂，若出其里"（曹操《步出夏门行·观沧海》）。这种博大的境界和辉煌的气象无疑是无限生命力的象征，因此，壮美的对象关键要体现遒劲雄健，具有旺盛的生命力，乃至能将人从有限导向无限。

---

① 邱明正，朱立元.美学小辞典（增订版）[M].上海：上海辞书出版社，2007：41.

第四章　审美范畴

壮美的事物往往在时间上呈现为迅速变化的态势，如狂风肆虐暴雨如注的场景，电闪雷鸣的夜晚，涨潮时分波涛汹涌的海岸，日出云海时分的万千气象。壮美的事物在快速移动的过程中，还裹挟着非常强大的力量，呈现出刚健威猛的态势。

壮美的对象可以使人产生壮美感，壮美感又会给人带来如清初文学家魏禧所说的"且怖且快，损其奇险雄莽之状，以自壮其志气"的类似于痛快、豪放、畅快的心理感受，而这些心理感受往往又会给人带来愉悦的享受。

当壮美的事物引发人们心灵愉悦的时候，它和作为审美主体的人之间一般处于一种和谐统一的关系中，这一点与优美的审美感官相似，但这种和谐关系是大尺度、宽范围内的统一关系，是与人伸张情志、追求阔大境界、向往豪迈气概相一致的。在此过程中，审美主体随着客体对象波澜起伏，心胸随之舒张、扩展，进而在精神上达到一种激越振奋、豪气干云的状态。

壮美的审美活动在各个领域中均有突出表现。自然领域中的很多自然景象都显示了壮美，而这种美主要体现在宇宙大化的刚健精神与主体在天地间作为万物之灵的豪迈气魄上。例如，荒漠戈壁，寂寥苍凉；渺渺河汉，神秘深邃；汪洋大海，横无际涯；埃及金字塔，巨石堆积的神秘形体，在北非沙漠巍然耸立；中国长城，千年积淀的华夏脊梁，在崇山峻岭间万里蜿蜒。狂风呼啸，万马奔腾，这些都显示了自然界博大雄浑的审美气象，展现了自然造化的刚健精神。又如，动物中的雄狮、猛虎、鹰隼、海燕，有的在同类中体大力大，有的在同类中体小力强，但都给人一种壮美感。

在社会生活中，壮美也随处可见，社会生活中的壮美主要表现在两个方面：一是人类在改造社会中展示的历史进步性和人格力量；二是为了人类的进步事业，为了推动科学发展，为了造福全社会，人类所进行的艰苦卓绝的努力与斗争。这两者都体现着人对自身高尚品格、美好心灵、献身精神和巨大才智的肯定与赞美。例如，《孟子·公孙丑上》讲到养浩然之气"配义与道"，故能勇往直前。屈原曾在《离骚》中将自己人格的美追溯到高贵的血统，并从小立下"秉德无私,参天地"(《橘颂》)的志向。那"路漫漫其修远兮,吾将上下而求索"的名句,写出了他不懈求索的执着精神。他那不与世俗同流合污、感民生疾苦的节操,体现了他的博大胸襟。司马迁称他"推其志也,虽与日月争光可也"(《史记·屈原贾生列传》)。他的言行节操影响了千百年来的民族精神,赢得了人们广泛的敬仰,成了我们整个民族壮美追求的重要参照。

艺术创作中对壮美的展现更是不胜枚举。巨型雕塑往往可以展示出人意料的壮美,如埃及的狮身人面像、四川的乐山大佛、纽约的自由女神雕像;欧洲历史上巍峨高耸的教堂,如梵蒂冈的圣彼得大教堂;意大利的米兰大教堂、西班牙的圣家族大教堂;西安的大明宫遗址、北京故宫及其巍峨的宫殿建筑群、山东曲阜孔庙的大成殿、云南大理的崇圣寺三塔等,都给人以壮美之感。相较雕塑和建筑,绘画中的壮美展现得稍显含蓄。以我国古代推崇壮伟之美的北派山水为例,该派山水画家多以北方雄壮的真山实水为表现对象,在画面中善于布置全山大水、大开大阖,造就了国画中的阳刚壮美之风。其代表人物有关仝、李成、范宽、郭熙、王诜、王希孟等,其代表作品有关仝的《匡庐图》、范宽的《溪山行旅图》、王希孟的《千里江山图》、李唐的《万壑松风图》,在这样的画作中,经常出现硕大的山体,高峻的山崖,突兀的巨石,并且石质坚硬,棱角分明,以至画面中透着一股刚健的骨气。

不管是自然中的壮美、社会中的壮美,还是艺术中的壮美,其表现虽不尽相同,但其基本特点是大致相同的。如果离开了雄伟壮阔的外观,刚毅坚强的品格,恢宏豪迈的美感,也就不能称其为壮美了。例如,李白的《望庐山瀑布》中,山峰上冉冉升起了串串白烟,缥缈于青山蓝天之间,在太阳的照射下化成紫色的云霞,远远望去,仿佛是谁将这条白色倾泻的瀑布挂于山川之间。高峻陡峭的瀑布流水势不可挡,垂直落下,好似一条银河从天而降。诗中有三个妙笔生花的字,如"生"字,把香炉烟气冉冉上升的壮丽景象表现出来了;一个"挂"字惟妙惟肖地表现出倾泻的瀑布在"遥看"中的形象,谁能将这巨物"挂"起来呢?"落"字也非常精彩,写出了巨流倾泻的磅礴之势。全诗像一幅壮美的图画,通过这三个字的绝妙贯通,仿佛庐山瀑布就在人们面前。

二、崇高

崇高是美的一种表现形态,是事物的一种客观性。崇高的基本特性是严峻的冲突。崇高具有一种压倒一切的强大力量,是一种不可阻遏的强劲气势。例如,《命运交响曲》中震撼心灵的情感激荡等,都会使人产生敬畏、肃穆和庄严的审美感受,这都属于崇高的审美范畴。

作为审美形态,崇高很容易激发人的本质力量,使其产生掌握、征服、改造客体的思想,鼓舞人面对压倒性的事物不断向前奋进,使人去和平庸做斗争。例如,"七七"事变后,日本侵略军对坚持东北游击战争的抗日武装力量施加了更大的压力。杨靖宇将军率领的东北抗日联军第一路军在长白山区坚持抗日。由于叛徒告密,暴露了部队的活动方向,日军满山遍谷疯狂追袭,日夜搜索,大小路口都被日军封锁,杨靖宇将军在森林里坚持奋战五个昼夜,他多处受伤,加上腹中饥饿,精疲力竭,又与跟踪而至的日伪军相遇,但他毫无惧色,倚着大树,双手开枪,顽强抵抗。敌人狂喊:"放下武器,保留性命,还能富贵。"杨靖宇将军却挺身高呼:"最后胜利是中华民族的!"像这样大义凛然、富贵不能淫、威武不能屈、宁死不向敌人投降的民族英雄形象正是崇高的集中表现。

作为一种审美形态,崇高的美学特征,就是崇高所引起的人的美感的特征。首先,崇高感是经由痛感转化而来的快感。当人们面对崇高的对象时,总是先感到自身的渺小、平庸而产生惊惧、茫然的感受,但随之而来的则是在对象的激发下产生的强大的抗争力量和奋发之情。例如,海明威的《老人与海》中,老人桑提亚哥在连续84天"背运"——捕不到鱼,连与他朝夕与共的小孩儿也不愿再跟着他一起出海的情况下,坚持出海,终于捕到了一条巨大的马林鱼。老人拼着性命与大鱼搏斗,终于制服了它,在归航途中马林鱼却被鲨鱼吃得只剩一副骨架。无疑,老人桑提亚哥与险恶环境斗争时不屈不挠、不向命运屈服的硬汉精神,尤其是他那"人不是生来就要被打败的"坚定信念,更具有一种让人敬佩的崇高精神。其次,崇高感是具有道德意义的情感体验。崇高的最高境界就是实现审美主体精神人格的至善性和无限性,这就使得崇高感具有浓厚的伦理色彩和道德意义。例如,孟子曾由鱼和熊掌不可得兼引出"生"与"义"的选择问题:"生,亦我所欲也;义,亦我所欲也;二者不可得兼,舍生而取义者也。"(《孟子·告子上》)这段话,从美学的意义上说,正体现了崇高的道德感。人与动物不同,他不仅有避死趋生的本能,而且有舍生取义的道德使命感,那就是人道的使命。虽然我们今天的道德观念与孟子的"义"有不同之处,但基本的人道内涵是有延续性的。在历史发展的重要关头,无数英雄志士抛头颅、洒热血,正是为了实现人道的社会理想,而以崇高型艺术来表现这种舍生取义的斗争精神,正可以唤起我们的理想追求和道德天性,使主体精神得到发展。最后,崇高感本身由感性认知趋向理性升华。崇高是主客体之间的对立冲突,抗拒与反抗拒的关系。具有形式丑和巨大等特征的对象不能给主体带来直接的审美价值,它只具有手段的意义,即通过它对主体的抗拒,唤起主体的伟大力量,从而超越、压倒对象。崇高的审美价值正产生于主体在与强大客体的激烈对立中,以及保持和高扬主体精神之中,因此,崇高在本质上是一个主体性范畴。如果说优美是主体实现了他的本质力量,是对他的生存自由的肯定,那么崇高则是主体实现其本质力量,追求其生存自由的过程。

　　崇高作为一种特殊形态的美,在各领域中有不同的表现。自然界的崇高以外在形式的粗犷、严峻为特征,它往往以其数量的巨大和力量的强大给人一种强烈的刺激,使人产生惊奇、赞叹、敬畏的崇高感。例如,浩渺无际的宇宙星空、苍劲的古树、辽阔的大草原,沙漠中的仙人掌;动物界的大象、雄狮、悍豹,男人强悍的体格等,都以其力量的强大,显示出无穷的威力,呈现出惊心动魄的崇高与壮美。

在艺术作品中，人们常用崇高彰显人格力量。例如，辛亥革命中，革命党人在广州起义，终因寡不敌众，惨遭失败，很多革命党人在这场战斗中牺牲，其中就有黄花岗七十二烈士。孙中山评价道："碧血横飞，浩气四塞，草木为之含悲，风云因而变色，全国久蛰之人心，乃大兴奋。"正是由于烈士们视死如归的斗争精神充分显示了主体实践力量的现实潜在的巨大威力和终将胜利的必然性，因此才"惊天地、泣鬼神"，才"全国久蛰之人心，乃大兴奋"。

崇高通过实践作为一种审美现象，在艺术创作中也得到了充分展现。例如，苏轼的《念奴娇·赤壁怀古》："大江东去，浪淘尽，千古风流人物。故垒西边，人道是，三国周郎赤壁。乱石穿空，惊涛拍岸，卷起千堆雪。江山如画，一时多少豪杰！……"词作中，苏轼游览赤壁，面对眼前江山，不禁抒怀古幽情，发胸中郁闷。词中运用联想、烘托、对照等手法，将眼前景色、历史人物、个人感慨贯串一气，融成一片，对英雄事迹的向往、对壮丽河山的赞美充满豪迈的气概，给人以感奋的力量。再如，贝多芬的《第九交响曲》，表达了千百万人民群众参加资产阶级革命的巨大力量和战斗豪情，展现了人类追求命运解放的崇高精神。

第三节 悲剧与喜剧

一、悲剧

悲剧，作为审美的基本范畴，不仅限于戏剧，而是美的一个特定类型。美学中的悲剧又称"悲剧性"，它与日常生活中的悲惨事件及戏剧中的"悲剧"不同，是指现实生活或艺术中那些肯定性的社会力量在具有必然性的社会矛盾激烈冲突中遭到不应有的，但又不可避免的毁灭或失败，从而激起人们怜悯、同情、悲痛、奋发的一种审美特性,也就是恩格斯所认为的悲剧是"历史的必然要求和这个要求的实际上不可能实现之间的悲剧性冲突"①。这便使美学中的悲剧和生活中的悲剧有了区别:生活中的悲剧这一术语泛指一切令人悲悯、悲伤的事件,因而是非审美形态的,一般不能直接进入人们的审美领域。

悲剧的概念,源于戏剧的一种类型。它最早产生于公元前6世纪古希腊祭祀酒神狄俄尼索斯的"酒神颂歌",原意为"山羊之歌"。公元前5世纪初,埃斯库罗斯引入戏剧因素改造赞颂酒神的祭祀表演形式,悲剧艺术从此诞生,埃斯库罗斯也因此被称为"悲剧之父"。悲剧的起源虽与戏剧艺术密切相关,但作为审美形态的悲剧,其内涵不同于戏剧类型的悲剧。审美意义上的悲剧内涵是历史生成的。在美学史上,对悲剧内涵的认识大致有以下观点:

第一,"悲剧是对于一个严肃、完整、有一定长度的行动的摹仿"②,换句话来说,悲剧就是模仿人的行动的一个过程。一般来说,悲剧的主角都是有着一定过失或弱点的好人,他们在剧作家的安排下总是经历由福转祸,结局是悲惨的。总是让好人落难,因此,悲剧往往能借人们的同情,使其进一步思考悲剧产生的源头,进而净化、陶冶人们的感情,给人美的精神享受。

第二,悲剧产生于两种"精神力量"、"伦理力量"在现实中的冲突和对抗③。一般来说,悲剧中产生冲突的双方都代表着不同的伦理力量,他们大都存在一定的合理性,但都存在片面性,而双方彼此又都坚持自己的伦理观点而不承认对方伦理的合理性,这就必然导致冲突的发生。《安提戈尼》就是这样一部作品,作品中冲突双方一方代表国法,另一方代表家法和宗教,双方都是善的、合理的,但是由于双方利益的矛盾,彼此之间冲突不断,最后导致

---

① [德]恩格斯.致拉萨尔的信[A].马克思恩格斯选集(第4卷)[C].中央编译局,译.北京:人民出版社,1972:346.
② [古希腊]亚里士多德.诗学[M].陈中梅,译.北京:商务印书馆,1996:19.
③ [德]黑格尔.美学(第3卷)[M].朱光潜,译.北京:商务印书馆,1981:285.

了悲剧的发生。

第三,悲剧是日神精神和酒神精神的统一,它可以使人在审美中忘却现实的痛苦而体验到生命的快乐和永恒[①]。悲剧的生成机制就在于酒神意志(权力意志)的客观化及由其客观化所形成的融日神因素与酒神因素为一体的个别形象(悲剧主角)的毁灭和由此所唤醒的本源生命的回归。因此,悲剧须表现受难与痛苦,受难与痛苦在舞台上具体展现为陷入"个别意志"之网的悲剧英雄的灾难与挣扎。

第四,悲剧是"历史的必然要求和这个要求的实际上不可能实现之间的悲剧性的冲突"[②]。这是指在一定的历史条件下,历史的必然要求和这个要求难以实现的客观现实这两方面的矛盾是悲剧的本质所在。例如,新生力量往往代表着对旧势力的反叛,代表着未来的希望,但是在产生之初他们还处于相对弱小的地位,本身也必然存在一些不足,要想打败旧势力自然不容易,因而常处于被旧势力毁灭或压倒的状况,这就导致了悲剧的产生。

虽然在美学历史上,不同大家对悲剧的本质解释各有不同,但大都赞同一点,即悲剧包括抗争、行动、毁灭,它们是悲剧的三要素。悲剧的主调是抗争,悲剧的主人公往往在险恶的环境中抗争,如《被缚的普罗米修斯》中的普罗米修斯,他因违背宙斯的旨意而被钉在高加索山上接受惩罚,他戴着镣铐,忍受着风霜欺凌、骄阳炙烤,却不向宙斯屈服,为了人类的事业,为了美好的理想,甘愿遭受痛苦。在悲剧作品中,主人公的行动是抗争的具体化。例如,《俄狄浦斯王》中的俄狄浦斯为摆脱弑父娶母的命运,不顾神谕一次又一次的逃避,结果次次难逃,在严厉的追查"凶手"中,不听预言一层层追下去,直到追出了自己的"罪恶",最后自刺双眼,离国自逐。毁灭是行动的结果,悲剧冲突的结果往往是双方

---

① [德]尼采.悲剧的诞生[M].周国平,译.北京:生活·读书·新知三联书店,1986:95.
② [德]马克思,恩格斯.马克思恩格斯选集(第4卷)[C].中央编译局,译.北京:人民出版社,1972:346.

的失败和毁灭。莎士比亚的《哈姆雷特》、拉辛的《安德罗玛克》、奥尼尔的《悲悼三部曲》都同样是尸体加尸体落幕。鲁迅说:"悲剧是将人生有价值的东西毁灭给人看。"它意味着美的毁灭,是人的本质力量的受挫和丧失。因此,成功的悲剧总是能催人泪下,使人在欣赏中产生严重的精神压抑和困顿。另外,悲剧的特点固然免不了悲,但这又不是一般意义上的悲,它总是与"悲壮""悲怆"连在一起,能使欣赏者的心灵受到强烈的震动。例如,我们大家熟悉的《红楼梦》中的贾宝玉和林黛玉,《祝福》中的祥林嫂,《白蛇传》里的白素贞,莎士比亚笔下的罗密欧和朱丽叶,托尔斯泰笔下的安娜等,这些作品之所以称得上是美学意义上的悲剧,就在于这些主要人物都具有某些正面素质,这些悲剧都是美和善遭到了毁灭,因而引起了我们的同情。

文学艺术史上,根据悲剧发展的历史过程把悲剧分为命运悲剧、性格悲剧和社会悲剧。

命运悲剧是以早期人类普遍存在的天命观念为基础,以命运为题材表现被命运支配的、无法选择的悲剧。这类悲剧中,主人公的命运不是未知的,并不是因为对未来的未知令主人公做出了错误的选择,而是在已经知道命运的前提下,反而做出了成就命运的事情。对命运的提前知晓仿佛是促成命运的前提,对命运的逃离恰恰导致了悲剧的结果,而在这种悲剧中,悲剧的内容是非理性的。这种悲剧并不是因为因果报应,而更多的是已定命运的安排。这种安排不讲道理,没有逻辑,却又无法回避,不可抗拒,甚至有些造化弄人的意味。被卷入命运旋涡的人们并不是无奈地接受命运,而是奋起反抗,试图摆脱这种悲剧的结局,但这种挣扎与努力恰恰促成了命运的结局。抗争命运的努力,最终成为悲剧实现的推动力,令人无可奈何。《俄狄浦斯王》就是一部典型的命运悲剧,俄狄浦斯是无辜的,他有善良的愿望、坚强的意志,却注定有弑父娶母的命运,无论他怎样反抗也逃脱不掉这个命运。

性格命运侧重于人物性格的反省,从人物性格上寻找悲剧事件的发生原因。以《哈姆雷特》为例,主人公哈姆雷特是他所处的那个时代的富于理想却弱于行动的新兴资产阶级人文主义者的代表,他内向、深沉,既坚强又软弱,心存怀疑,态度犹豫,是这部悲剧的中心人物。哈姆雷特是一个处于理想与现实矛盾中的典型。他出身王室,多才多艺,读书时期,接受了人文主义思想的熏陶;其父是人类最完美的代表,母亲则如圣母般纯洁美丽,他们是人间理想与爱的结合,象征着人与人之间最和谐美好的关系;自己也与心爱的姑娘两情相悦……那时的哈姆雷特是一个生活在理想世界中的乐观的人文主义者。但是,敬爱的父王突然死去,卑劣的叔叔篡夺了王位,久受崇敬的母后在父王死后不到两个月,便匆匆改嫁新王,"迫不及待地钻进了乱伦的衾被"!紧接着,从鬼魂那里,他听到了可怕的"弑兄、篡位、娶嫂"的故事。面对父死母嫁、王位被篡夺的严酷现实,哈姆雷特对世界的看法有了根本性的改变。几乎是一夜之间,"和谐"的世界"长满了恶毒的莠草",壮丽的天空堆集着"污浊的瘴气","天使"般的人类只是"泥土塑成的生命",让他感觉人生"多么可厌,陈腐乏味而无聊"。残酷的现实彻底粉碎了他的理想与信仰。哈姆雷特对人的这种认识实际上隐喻了文艺复兴时期在个性解放的口号下人们"为所欲为"、一味放纵情欲带来的社会罪恶,有其历史的深刻性和艺术的概括性。愈正视现实,看到的罪恶就愈多;观察得愈深刻,痛苦也就愈大。所能见到的只是邪恶与背叛,理想与现实完全相背,以至于哈姆雷特对理想本身都产生了怀疑,对世界和人类都失去了信心,这也注定了他的悲剧结局。

社会悲剧描写邪恶而强大的社会力量与善良美好的愿望和理想的冲突,这一类悲剧往往表现为在特定历史条件下,普通人为了基本生存而遭到迫害,由此造成悲剧。例如,小仲马的《茶花女》、巴尔扎克的《高老头》、易卜生的《玩偶之家》等。茶花女虽然出身低下,但她的品德是高尚的,为了爱情她宁愿牺牲自己,仍不为社会所接受。《高老头》充分表现了人与人之间的关系已变为冷酷的金钱关系,高老头的女儿们采用各种手法拿走了他的金钱,而置高老头的死活于不顾。《玩偶之家》中的女主人翁娜拉,是家庭中名副其实的一只玩偶,她处处听从丈夫,依顺丈夫,为了挽救丈夫的生命,她借了钱反而得不到丈夫的宽恕,最后娜拉不得不离开了她的家庭,以抗议家庭对她的束缚。在这些悲剧中,大都以普通人的身份表现了人与家庭、与社会的矛盾冲突。又如,我国的《梁山伯与祝英台》中的梁山伯和祝英台、《白毛女》中的杨白劳和喜儿,以及祥林嫂、窦娥等,他们显然不属于英雄,但他们希望拥有正常的生活、劳动和爱情的权利,这些合理的要求与旧社会制度形成了尖锐的矛盾冲突,从而使得这些人受到摧残、迫害,遭遇不幸,甚至死亡。

作为一种审美形态,悲剧的审美特征,更应该指向悲剧所引发的美感特征。从悲剧所引发的美感(悲剧感)来看,审美特征是独特的。

在悲剧中,由于美善事物往往被恶势力毁灭,因而在欣赏悲剧的过程中,审美主体通过悲剧形象看到人生的苦难,首先会产生一种恐惧和痛苦的感觉,然后心灵受到巨大的震撼,这就是悲剧中的崇高感。这和欣赏一幅优美的风景画所产生的愉悦是迥然不同的。悲剧展示的是人生中有价值的东西的毁灭以及人类美好理想的幻灭,但是我们看到的却是人类不可摧毁的人格、信念、意志、勇气和灵魂,我们从悲剧人物身上感受到的绝不只是痛苦和不幸,更多的是他们身上所折射出来的道德精神和人格力量。在悲剧冲突中,审美主体由于体验到人的价值而感到满足,从而产生精神上的愉悦感,因而悲剧感必然是经历了由痛感向快感转化的心理历程的审美体验,也正因为如此,悲剧才能成为一种审美形态。

另外,悲剧人物身上有着强烈的觉醒意识、抗争意识和超越意识,这种觉醒是对人的境况命运、义务权益、终极关怀的觉醒,具有历史必然性;这种抗争是对命运不屈的抗争;这种超越不仅是对个体苦难环境、平庸状态和有限存在等方面的超越,更是人类整体的超越。从这个意义上讲,悲剧感的培养必然转向崇高感,在心灵震撼中升华我们的精神境界,将人导向自我完善。

二、喜剧

喜剧又称滑稽剧,它并不专指某一种戏剧形式,而是指表现于各种艺术形式中的一类审美形态。作为一种审美形态,喜剧的显著特点就是能引人发笑,它用笑的形式,展现复杂的人性与社会,让人们在笑声中得到启迪和审美享受。

关于喜剧的本质,历史上的美学家进行过多方面的探讨,有的说是期望与结局的矛盾,有的说是客观事物的外部表现形式与内在的矛盾。这些观点,虽然都有其合理成分,但都没有揭示出喜剧的科学本质。马克思对喜剧的定义是基于现实的社会矛盾冲突之上的,马克思认为,喜剧的本质是两种新旧社会力量的冲突,其结果不是新事物的毁灭,而是旧事物的消亡。

喜剧源于古希腊祭祀酒神时的狂欢歌舞,后来发展成为舞台剧种。与悲剧一样,这时的喜剧只是一种戏剧样式,并不是后来美学意义上的喜剧。直到亚里士多德之后,喜剧才成为美学范畴被纳入到审美研究当中,喜剧的内涵也在历史发展中得到扩充和完善。

在中国,虽然喜剧概念和成熟的艺术形式到近代才被引入,但喜剧性在中国的文化传统中源远流长。先秦时期,人们的喜剧意识就已经萌芽并有初步的发展,如《诗经·国风·硕鼠》将统治者比作大老鼠;《召南·羔羊》描写回家吃饭的官僚们挺起肚子洋洋得意("委蛇委蛇")的可笑样子;甚至在《孟子》这样正统的儒家经典中也不乏《五十步笑百步》《揠苗助长》等讽刺故事。以上都是我国早期喜剧意识的展现。

喜剧的主要对象是人,其本质和根源是丑。喜剧中的丑,不像悲剧那样给人带来激昂慷慨,它带给人们的是轻松愉快的嬉笑和幽默以及尖锐深刻的嘲弄、揭露和讽刺。例如,我们大家熟悉的《皇帝的新装》,就通过轻松愉快的形式揭示了皇帝的腐朽、虚伪、愚蠢的本质,让人读后感到荒唐可笑。又如马克·吐温的小说《败坏了哈德莱堡的人》,它的主题是庄重严肃的,它揭露了资本主义世界拜金主义者的丑恶嘴脸,但小说用荒唐可笑的形式来表现,令人读后忍俊不禁。

正如塞万提斯所说:"好的喜剧,幽默使观众好笑,真理增加人们的智慧,情节使人们惊奇,议论使人们聪明,表演的种种罗网陷阱使人们警惕,树立榜样使人们谨慎。观众走出戏院,心上爱的是美德,恨的是罪恶。"

为了达到寓庄于谐的效果,喜剧常常运用倒错的形式,以取得诙谐的效果。此外,讽刺、滑稽、幽默、误会、巧合、夸张也是喜剧实现寓庄于谐的重要方式。

戏剧中的讽刺又常常称为"讥讽"或"嘲讽",它是一种否定性的审美评价,以愤怒、轻蔑的态度无情地讥讽、嘲笑和鞭挞丑恶的现象。例如,果戈理的《钦差大臣》,正是通过辛辣的讽刺批判,凸现了喜剧主体的自信,肯定和维护了人的尊严和价值,同时,也使这部喜剧具有了深刻的伦理和美学意义。又如,在《大独裁者》中兴格尔演说时,由于情绪的狂热,把麦克风的支架都给烤弯了,还有,兴格尔玩弄地球的夸张动作,充分暴露了他的政治野心。在《淘金记》中,查理由于女友乔佳答应了他的约会,高兴得在屋子里狂舞起来;并抓起枕头来捶打,结果枕头打破,鸭绒乱飞,弄得屋子里像下了一场大雪。由于采用了这种夸张的手法,既深刻地表现了人物的性格,又具有强烈的喜剧效果。《西厢记》中的张生初见莺莺时欣喜若狂,在向红娘介绍自己时还不忘加一句"小生尚未娶妻",憨至极点,夸张地表现出他的书呆子脾气,令人可笑可气,傻得可爱。同时,艺术通过这些手段能将生活中的喜剧性集中起来,创造鲜明的喜剧性形象和突出的喜剧性情节。有名的吝啬鬼形象,如《儒林外史》中的严监生,临死时只因油灯中用了两根灯草而久久不肯闭目;郑廷玉《看钱奴》中的贾仁,他因狗舔了他一个手指头上揩来的鸭油而气得一病不起,临终还舍不得买棺材,吩咐儿子用马槽殓尸,马槽装不下还要借邻居的斧子来砍尸,只因怕把自家的斧子用钝了。这种夸张已到了怪诞的境地,这么吝啬的人在实际生活中当然没有,但是戏剧家将现实中的吝啬性格加以提炼,经过艺术渲染和夸张,达到的喜剧效果当然也就更加强烈了。

但喜剧性的夸张、怪异也要适时合理。艺术如果太失真,非但不引人发笑,还徒增观众反感,所以,喜剧性的艺术夸张也要以自然为基础,王骥德在《曲律·论插科》中说喜剧性语言"须作得极巧,又下得恰好,如善说笑话者,不动声色,而令人绝倒,方妙"。

滑稽是喜剧的主要表现形式,也是喜剧艺术的基础和基本要素。在社会生活中,滑稽对象是与喜剧性矛盾冲突紧密相连的,它是丑或缺陷的自我暴露,主要表现特征为人的表里不符、名实不符、违背常理、自相矛盾的言行。例如,在塞万提斯的讽刺喜剧小说《堂·吉诃德》中,主人公滑稽、荒唐的行为形成了可笑的闹剧,使其成为文艺作品中的典型形象。

幽默是指运用机智、风趣的语言,对社会生活中的不合理性现象、矛盾的事物进行揭露、嘲笑,使人在风趣的氛围中否定这些不合理现象。同时,幽默也是一种含笑的、善良的批评,它使人产生会心的微笑,同情的苦笑。例如,华君武的漫画《脸盆里学游泳》,批评一些同志理论脱离实际,画中某君一头栽进水里,双手在空中做蝶泳状,动作十分认真,令人啼笑皆非。

误会与巧合也是喜剧艺术常用的手法。为了使喜剧中的倒错达到更真实的艺术效果,艺术家往往用巧合、误会的方法,使得喜剧显得荒唐而又合理,比如中国传统相声《连升三级》,主人公是财主之子张好古,他是一个目不识丁的混混儿,却要进京赶考,由于正巧碰上了九千岁魏忠贤,并得了他的一张片子,结果一字没写,得了第二名,后来进了翰林院混了好几年。这些都是建立在误会与巧合的基础之上:张好古因拿了魏的片子,主考官以为他是魏的近亲,就替他作了一份卷子。在翰林院能混几年,是因别人误以为他是魏的人,又是保荐的,都敬他,有写的也不让他写,大家写好后,他仅说"很好"就混过关了。后来魏犯罪被斩,张好古因别人曾因他不识字,替他写过一副骂魏的对联而被皇帝视为忠臣,连升三级。这一切显得如此矛盾,但由于作者巧妙地把这些建立在误会与巧合的基础上,就达到了真实的艺术效果。

喜剧的表现形式多种多样,它可分为否定性喜剧和肯定性喜剧。否定性喜剧的人物,从性格上看,其基本特点是丑。内容的本质的丑,却要以美的形式出现,形成内容与形式的尖锐矛盾。本来是肮脏的灵魂,却要打扮成高尚、美好的模样,令人感到非常滑稽、可笑。例如,赵树理的小说《小二黑结婚》中的三仙姑,鲁迅小说中的阿 Q,它所引发的是人们的讥笑、嘲笑等否定性的笑。肯定性的喜剧是用笑声来直接歌颂、赞美正面事物和肯定性的社会力量,它主要通过正面事物非本质的"丑",如奇特的外形、怪癖的言语、荒诞的举动等,这种喜剧的主人公往往是正面人物,正确的思想行为往往表现在谬误的形式中。电影《七品芝麻官》,塑造了一个敢于抗暴、诙谐幽默的七品官唐知县的形象:他外形丑,但内心美,嬉笑怒骂皆成文章,他用智慧斗倒了显赫的权贵——诰命夫人。他的名言"当官不为民做主,不如回家卖红薯"已被广大群众广为传诵。

应当指出,喜剧并不总是揭露丑的、无价值的、反生命的东西,在有些喜剧情境当中,特别是在喜剧艺术中,往往通过机械性的、荒诞的、违背常理的形式更充分地显示出真、善、美。例如,卓别林饰演的普通人物,行走姿势固然可笑,但正是在这种费力而又满不在乎的动作中,我们可以发现正常人的言行举止所不具备的自尊、自信和积极的生活态度。中国戏曲中的许多丑角(如昆丑)是饰演好人的,他们的言行举止往往是笨拙、怪异的,但似乎正是凭着这种形式才充分地表现出人物的智慧、善良和达观的性格。这是一种艺术的辩证法,以假、恶、丑的形式表达真、善、美的内容。喜剧带给人的是欣慰的喜悦,是发自内心舒朗的笑,不仅是生理的愉快,而且是心理的享受。无论是和悦的微笑,辛辣的讥笑,善意的取笑,无情的冷笑,对别人的嘲笑,对自己的讪笑,笑总是与人的理性更深刻地联系在一起。当人们以笑面对世界的时候,实际上他已经对这个世界进行了审视和剖析。喜剧的笑使丑陋的东西遭到了毁灭性的打击,从而使人的心灵一次又一次地得到净化和启迪。当人真正做到与自己的过去愉快告别,真正与自己曾经有过的缺陷分手时,那么人就拥有了一种包容世界的旷达心境。不仅对自己,而且对人生,甚至对世界,都能持有达观的、博大的胸襟。真正对生活有所体悟的人,会在生活的波折面前泰然处之,因为他以人类社会的总体力量为依托,可以坦然地克服所面临的重重困难。

第五章 审美意象

审美意象亦译为"审美观念",是德国学者康德在《判断力批判》中提出的。康德认为,审美意象是美学的重要范畴,"美一般可以说是审美意象的表现",对审美和艺术创作有重要意义;因它力图通过艺术形式,表现人的理想;因它具有感性形式又有高度的概括性,故能以有限的具体形象表现出无穷的意蕴,引导人们获得超越感性自然的自由。本章就审美意象的相关问题进行探讨。

第一节 审美意象的基本内涵

一、审美意象的概念

在《判断力批判》的第 49 节,康德在讨论艺术创造的天才时,系统性地阐释了"审美意象"的基本含义。康德是这样定义"审美意象"的:"我所说的审美意象,就是由想象力所形成的那种表象。它能够引起许多思想,然而却不可能有任何明确的思想,即概念,与之完全相适应。因此,语言不能充分表达它,使之完全令人理解。很明显,它是和理性观念中相对立的。理性观念是一种概念,没有任何的直觉(即想象力所形成的表象)能够与之相适应。"①从这个定义中我们可以见出,康德的"审美意象"范畴,就是我们通常意义上所说的"美"。

在"审美意象"的定义里,康德的中心词是"表象"。作为一种审美的表象,它通过想象力联系了主体的快感与不快感。所谓表象,乃是感觉给予我们的关于外物的主观印象。表象涉及一切审美对象的共同基础。康德虽然说优美涉及对象的形式,而崇高涉及的是对象的无形式,似乎崇高只在主体心灵与理性观念中相统一,但实际上崇高依然涉及对象的表象。无形式是说见不到对象的整体,从所见到的形式中感受到无限的意味,并借助于想象力成就对象的巨大或无限的完整性。因此,崇高依然以表象为其感性形态,而且依然以对象的形式为基础,是建立在对于物的表象的一个反省判断的基础上的。

康德还认为,审美的表象与整个表象能力是截然对立的。因为整个表象能力时常是合规律或合目的的,受效用影响。审美的表象则必须超越于这个层面,直接与主体的情感相联系,而不与对象的存在相联系。这种合目的的形式反映了体现先验原则的主观性特征。表象之所以具有必然的普遍有效性,是因为它通过想象力联系了快乐的情感。这种快乐的情感是先验地规定着,对于每个人都普遍有效的。同时,主体对表象进行体验的时空意识,也只是主观的先验设定。通过它,主体才能感受外物的感性形态。

由此可知,康德将审美意象界定为想象表象。事实上,审美意象不仅仅是康德指出的想象表象,还有另一种知觉表象的意象。知觉意象,即视觉对物质世界的感知,也就是人们看到并记忆在脑子里的经验。这种经验是常见的,几乎每个人都可以感受得到。例如,知名诗句"明月松间照,清泉石上流"就让人应目会心,明月、松树、清泉、岩石经由观者的视觉器官、思维器官而发生感应,自然而然地获得审美感受和愉悦。诗句"行到水穷处,坐看

---

① 蒋孔阳.德国古典美学[M].北京:商务印书馆,1980:113.

云起时"也是当下即得,此次审美鉴赏活动在不假思索的状态下瞬间完成。这类意象,根本不需要任何联想与想象的中介,而自成格调,自具生机。

阿恩海姆认为,审美知觉意象是由外部表象和抽象力这两方面组成的。外部表象无论是具体的,还是抽象的,其形式结构都隐含一种张力样式(亦称为视知觉结构)。这种张力样式,能在审美主体的神经系统中激发出一种与之同形的力,使审美主体获得相应的情感体验。审美意象也是情感的表现。西方美学史上,克罗齐认为直觉即艺术,直觉就是抒情的表现。此后的柯林伍德也认为艺术品是"一个人情感的明晰袒露"。他强调的内在情感的明朗化,也就是意象化。他们的观点有合理的成分,澄清了情感的自然发泄、自然表现与艺术表现的区别,但却未落实到具体的形式创造上,故空泛而无法证实。以后的卡西尔、苏珊·朗格都强调艺术中的构形作用,特别是苏珊·朗格扬弃了主观情感论和客观情感论的局限,提出了她的情感符号论。

就音乐领域而言,从其诞生的那一刻起,音乐便是表现着人的内心情感的直接的艺术媒介。音乐的"表现"原则在音乐美学中的地位是不可动摇的。这在英国经济学家、哲学家亚当·斯密的音乐美学思想中有明白无误的表述,他说:"音乐所描写的最成功的感情和激情,正是那些把人团结在人类社会里的感情和激情。"[①]虽然他是在《论模仿的艺术》的题名下来谈这些,但是亚当·斯密认为音乐"把它所模仿的自然美体现为旋律或和声",赋予它"只有音乐所固有的美",所以,音乐最终要表现的,是它自身特有的美而不是别的。

审美情感不是单纯的情感而是形式化的情感。艺术是情感的表现,但是反之并不成立,并非所有情感的表现都是艺术。那些单纯发泄情感的活动如号啕大哭、暴跳如雷或者捧腹大笑等并不是艺术创作。那些只是情感的自在的表现而不是情感的形式

---

① 何乾三.西方哲学家文学家音乐家论音乐[M].北京:人民音乐出版社 1983:88—89.

化的表现。审美情感不仅是表现情感,而且是一种有意识的、反思的活动。

格式塔心理学通过实证材料证明,情感的表现即存在于知觉样式本身。知觉意象包含的力的样式,本身就可以唤起、表现相应的情感,而不需要经过联想、想象,也不需要借助情感的移注。这一主张,指明了知觉意象在审美活动中不可替代的重要地位。知觉意象是客观物象在心灵中的直接反映,但是它不能不受到心灵的先验结构的影响,因此不等同于事物的原貌。它的形成不仅依赖于客观对象,而且也受到诸如知识、心理、经验、注意力和文化背景等的制约。

本来,康德在谈到审美意象是一种表象的时候,就应该涉及知觉意象,然而,在康德美学中,"审美感知只不过是一个影子——表象的'投影',审美感知并没有独立环节的自身意义,应该说,这是康德美学的一大缺陷"[①]。因此,这里就综合康德和阿恩海姆的理论,如此来定义审美意象:"审美意象,是指美感过程中经由知觉、想象活动,不断激发主体情意而构成的心理表象。"[②]当然,这个规定还得通过对审美意象的内容和特征进行分析和考察,加以充实和说明。

二、审美意象包含的内容

在中国古典美学中,审美意象中的"意",是主观的情意;其中的"象",是情意体验到的物象。意与象结合,便生成了审美活动的成果——情景交融、物我相即的意象,包含意、象和象外之象三个方面的内容。

(一)意

在审美的意义上,"意"有两方面含义:一方面指主体的情意,

---

① 劳承万.审美中介论[M].上海:上海文艺出版社,1986:6.
② 汪裕雄.审美意象学[M].北京:人民出版社,2013:18.

以情感及其趣味为根本特征;另一方面,"意"不只限于情感,还包括在情感中作为领悟力的理。观者一旦进入作品的内在视域,即得了作品之"意";"得意"即有"感动",在感动之中激起高度的想象力,从而获得审美意象,也即进入了一个非现实世界之形象。审美意象的"意"包括审美情感与审美感悟两方面,"情"与"理"二者是密切相关的。因为审美活动中的理性因素与通常的理性在美学上有不同的涵义,所以,特别需要把握审美感悟的"理"在审美意象中的作用。审美活动是思维与体验、观察与领悟的综合。深层的审美鉴赏并不停留于感官的愉悦,而是通过心灵的妙悟来体验对象深邃的意蕴,思索追问宇宙和人生的哲理。这也是一种"理解"。

为了区分理性认识和审美认识,人们将审美的认识称为"审美理解",又称"审美感悟""审美领悟"。审美经验是对客观事物的领悟性知觉,因而不仅是主观体验,也具有客观性。美感是与许多复杂观念联系着的精神愉快,感受美,在深层意义上就是感受人的思想感情、意识状态。正如费尔巴哈所说的,我们用耳朵不只听到流水潺潺和树叶瑟瑟的声音,而且还听到爱情和智慧的热情的音调。

审美的情感特征,可用"情趣"一词来概括。情趣是一种合乎人的愿望、需要,能够满足好奇心的心理感觉。比如,视觉能够像游戏一样给人轻松的体验,就具备了引起趣味的条件。趣味具有引发兴趣的交互特征,在充分自由、宽松的视觉氛围中,情趣能够激发最大限度的创造欲望。艺术的审美倾向、艺术创作的情趣和艺术修养的品格特点,都与人的情欲有关。中国传统文化中的审美以自然感悟为主,借景抒情,以物明志,所以,审美在人性的自我发展过程中,体现了个体在美与丑的修养维度上的水平。审美源于人的本性,从心理结构上讲,审美情感是人的知性与情性冲突、交融而成,所以,审美总是伴随有冲动和快感,但是,在中国文化中,审美与德性联系,成为人个性的评价方式和独特要素,这样,关于美丑的评价就容纳了善恶因素。人有情绪变化和心灵感应的本性,而喜怒哀乐的感情却随情景而变化。思想的感应和外物变化启发了情感,驱动各种情感的变化,最后表现在各种艺术形式上。

审美意象的"意"包含了情感与领悟,是一个独特而复杂的范畴,不仅是个人的感知和理解,还有对自身在宇宙时空中的有限存在的带有抽象性质的体验和感悟,无法用简单、明晰的言辞来表达,而审美意象可以把理性观念转化成为可以感觉到的东西。"意"体现了情理交融,使情有所向。其中,情感不但是"意"的核心内容,而且是审美活动的动力,它使得虚实相生的象充盈情感色彩。

不同的情感欲求决定着不同的审美需要,反过来也影响着所能驱使并发生作用的意象的广度和深度。审美意象始终是审美主体头脑中主客观的统一,情感总是优于逻辑,从而在审美意象的形成中保持着平衡的张力。审美活动中的"意",包含着具体的历史典故,包含着文化背景,构成了独特的意象模式,进而成为传统的一部分。例如,中国古代诗文中"碧血"这一意象模式,源于东周因坚持正义而于九旬蒙冤的苌弘碧血丹心的传说,象征着赤胆忠心;"鸿雁"这一意象模式,源于苏武传书的传说,寄寓人们对故乡的思念;"斑竹"源于娥皇、女英追念舜帝,泪洒湘竹,象征着真挚的爱情。这些都以自然事物的某些感性特质为基础,结合深厚的历史文化传统,借助于想象力拓展其寓意。这种情意中的社会历史因素,是通过即兴感发而实现的。

在审美活动中,主体受外物感发而导致情感的抒发,但抒情时,实际上是在达意,而不仅仅限于抒情。在意象里的物象与情意关系中,情意是意象的核心和灵魂。有了情意,那触发情意的物象才具有审美价值。有的时候,"象"纯然作为"意"的契机,隐退于"意"的背后,使得"意"几乎占据整个审美意象,例如,《登幽州台歌》的"前不见古人,后不见来者",作者把幽州台苍凉寂寥化作了不见踪迹的古人和来者。这种悲怆求索的情境,完美地表达了作者的胸襟和情思。

(二)象

"象"是人将通过感性知觉到的对象的审美特质与自己的情意相融合而成的具体形象。"象"不仅包括通过知觉直接感知到的外在的物象,而且还包括主体通过比拟和象征得到的"表意之象",这种"意象",人们当然也要通过联想、想象等心理活动才能认识到。

早在远古时期,圣人取法于天地万物,创造出了八卦图式。这说明"象"很早就不是天命神意的指归,而是包含着对自然界和外物的体悟和抽象。远古的人们通过对自然的观察和体悟,以及工具的使用和加工积累了造型能力。这种通过观象制器培养出的合目的性的改造整合力正是意象创造功能的一种体现。粗糙的工具逐渐变得精细,古朴的纹饰也逐步变得精致,单调的器型也愈发多样,不仅满足了实用的功能,而且还满足了精神的愉悦。这种精神的愉悦,逐渐走向审美,从而使实用功利得以升华。

对于审美活动来说,"象"必须具有深厚的意蕴和强烈的感染力。世间万物如恒河沙数不可穷尽,而只有能够激起人们强烈共鸣的"象",经历审美主体的选择,进入到审美领域,才具有丰盈的意蕴,震撼人们的心灵,引起人们的回味。中国古代设计艺术中最伟大的设计就是万里长城,它巍峨地蜿蜒于中国北疆大地,这其中的意象是极具感染力的。审美意象在古代文学艺术中更有极好的体现。《诗经·王风·黍离》曰:"彼黍离离,彼稷之苗。行迈靡靡,中心摇摇。知我者谓我心忧,不知我者谓我何求。悠悠苍天,此何人哉!"大意说的是,一位东周的大夫路过故都镐京,看到原来是宫室殿堂的地方,现在都长满了黍稷。对此,不由得发出了"彼黍离离,彼稷之苗"无限感叹,并且呼天呛地地喊出"悠悠苍天,此何人哉!"这里作为物象的黍稷,无不因为审美意象的作用而具有了强烈的审美感染力,这样的哀怨与悲怆之句,其"象"之强烈的审美感染力也就不言而喻了。审美主体对于"象"的领悟,还充分体现了主体"意"的主导作用,这种主导作用,长期以来形成了一个文化传统。这种传统与自然环境的世代熏陶和人文因素的中介密切相关,如"杨柳依依",乃是特定环境与主体情意之间的相互感发和影响。久而久之,主体在审美的思维方式中,便把对"象"视为情意的对象。对象与情意之间,便能达成一种默契,使意与"象"相互契合,乃至感时伤世,发出物犹如此、人何以堪的感慨来。审美意象的生成正是在这种感先触随的状态中进行的。

审美过程中,主体之所以能够深刻地领悟"象",关键在于审美意象原本就是人的情感意向所致。对象与情感意识之间,便能达成一种意象契合的默契,以至一旦物犹如此,便会生发出同样的感慨来。审美主体以意会象,实际上是透过对"象"的感性物象和主体的感性想象,使情感意识与对象凭借想象力达到贯通弥合。这正如庖丁解牛"以神遇而不以目视,官知止而神欲行"(《庄子·逍遥游》)。无论是在审美活动还是艺术创造中,物象通过主体心灵的体验在与情意的融合中成为心象。

(三)象外之象

审美中的"象外之象",即是主体为审美的主观需要在客观物象之外创造了一个非客观的主观情感物象。刘勰在《文心雕龙·神思》中着重提出"神与物游",即主体的情意凭借想象力自由地与对象的感性物象相互交融。

联想在象外之象的创构中起着重要作用,例如,李清照《武陵春》的"物是人非事事休,欲语泪先流",由眼前景物而触发悲切、凄苦之情,今非昔比,国破家亡,正与昔日美满而和谐的生活形成强烈的反差。刘禹锡《乌衣巷》云:"旧时王谢堂前燕,飞入寻常百姓家。"以燕子作为连贯古今的物象,乌衣巷的今天,暗含着对往昔的想象,抒发作者风物依旧、人事已非的感慨。陈子昂《登幽州台歌》:"前不见古人,后不见来者。念天地之悠悠,独怆然而涕下。"从面前的黄金台联想到古代求才若渴的明君,想到后代君臣遇合的困难,天地的寥廓激发了诗人的时空感慨,仿佛人生天地间是如此的寂寥,一种悲凉壮阔之情油然而生。刘勰《文心雕龙·物色》说:"是以诗人感物,联类不穷,流连万象之际,沉吟视听之区。"说的正是诗人调动联想、创构审美意象的过程。

文学史上,《二十四诗品》也有"超以象外,得其环中"之说。故裴楷画像时,要在画颊上画上三根毛,以传其神,即通过象外之象使物象所蕴含的内在生命精神跃然纸上。

象外之象还是表达主体的个性风采和玄思情意的需要。主体在物我同一的基础上创构的审美意象,其情意之中还体现出主体的独特风采。这种独特风采,常常是固有的物象所难以表现或难以充分表现的。

审美活动中的物象与作为象外之象的虚象是相辅相成的,象外之象与物象的高度融合和统一,所形成的非有非无、虚实相生的表象,乃是意象的感性基础,它们共同与主观情意融合为一。意以象为形,灌注于形中。

三、审美意象的基本特征

意与象的浑融为一体现在任何审美活动的过程之中。其中,物象的相对稳定性,人的生理机制的普遍特性乃是审美意象的共同性的基础。个体想象力的差异、个体在成长过程中的人生经历、具体环境的熏陶,乃至特定情境中的心态,使得审美意象在共同性的基础上又有着一定的差异。关于审美意象的基本特征,可从以下三方面来探讨:

(一)虚实相生

艺术中的意象通过有限的形式表现无限的情感,这就是我们所说的虚实相生。它主要表现在以下几个方面:

(1)意象追求的是"象外之象"。意象是从无到有、从有限到无限的生生不尽的象征之象。审美意象有不确定性也即模糊性的一面,它的内涵随着观照程度的不同而表现出层递性,从"以我观物"到"以物观物",到物象与象外之象融合,各组成部分既矛盾又统一,既不是主体对客体的机械再现,也不是脱离客体的纯主观的意想。它的创构是建立在以原物象为起点又不断超越的基础上的。

(2)意象具有不可穷尽的思想意蕴。意象是"含蓄无垠"(叶燮《原诗·内篇下》)、"宏大而辟,深闳而肆"(《庄子·天下》)的,具有巨大的思想容量;意象所包孕的内在精神意蕴有一定的时空穿越性和后续影响力,它主要通过意象模式的积累发生潜在作用,其生成并作用的机制是社会与历史、生理及心理体验的多层综合。

(3)意象"意在言外",表现的是"不可言之理,不可述之事"(叶燮《原诗·内篇》),为具体的语言形式所难以企及。王弼《周易略例·明象》云:"夫象者出意者也,言者,明象者也,尽意莫若象,尽象莫若言。"把"象"放在"言"与"意"中间,从根本上阐释了言与意的关系问题。

艺术中的审美意象是超越于语言形式之外的,但意象并非完全不可以言传,关键是采用什么方法或途径。物我贯通、情景合一的审美境界,无需凭借语言来体悟就可达到"无声胜有声"的契合状态。在具体的审美体验中会不断出现新意、新象的更迭与交替,因此,言所不能尽的往往是通过新"象"颠覆原"意"后生出的新"意",也即"象外之象"或"言外之意"。

(二)意广象圆

意象的理想境界可概括为"意广象圆"。其中,"意广"是指包孕在意象之中的主体情意的充盈和深广,"象圆"则指通过审美知觉的映射和审美想象力加工的物象,显得丰满圆润。意与象合是通过"感而契之"(王廷相《与郭价夫学士论诗书》),在心中对物象由感发而融合的,出色的意象是独到体悟的产物。

明人陆时雍《诗镜总论》曾论《诗经》云:"三百篇赋物陈情,皆其然而不必然之词,所以意广象圆,机灵而感捷也。"在诗歌意象的构思中,择词立象不但要能凸显主体情意的深刻性,而且要在构思中要预留足够的想象空间,以在创作者和欣赏者的心中引发更为广阔的想象世界,从而使诗歌的意象得以升华,引发出有着更为丰富内涵的"象外之意"。

艺术作品中,塑造成功的意象与客观原型物象,是"不黏不脱""不即不离"[①]的关系。意象的含蕴总是多层次的,由审美知觉通过感性接收形成的表层之象,经由审美情感升华为深层之象,再由审美感悟逐渐生出象外之象。王昌龄在《诗格》中提出了"诗有三境"的意境理论,将"诗境"的构成分为三个层面:物境,指自然景物层面;情境,指主体情感层面;意境,指整首诗的深层意蕴层面。王昌龄的观点既强调了作为客体的"物境"在创作中的基础作用,又明确了出于主体的"情"与"思"在创作中的主导地位。王昌龄的"诗有三境"论还进一步细分了诗歌创作中象与境,认为须先有境,然后构象,至意、象契合才算完成。总之,审美意象的"象",其表层意象与深层意象以及象外之象始终互相渗透、影响,不断生发、拓展出新的意象,在有限的形式中表现出无穷的思想意蕴。

(三)意象与意境的异同

意境是由意象群构成的,意境不是意象的单纯叠加和组合,意象之间往往存有留白,在有无之间给审美主体以充分的想象空间。谢榛在《四溟诗话》中曾经就韦应物的"窗里人将老,门前树已秋",白居易的"树初黄叶日,人欲白头时",和司空曙的"雨中黄叶树,灯下白头人"进行了对比,并评云:"三诗同一机杼,司空为优;善状目前之景,无限凄感,见于言表。"三首诗意象相近,韦诗和白诗借景喻情,感情较为直白,而司空的诗仅仅用萧瑟秋雨中黄叶树和昏灯下白头人组合,就表达了许多难以言喻的情绪。因此,意境中所包孕的内涵要比意象来得深邃,在某种程度上,是意

---

① 严云受.诗词意象的魅力[M].合肥:安徽教育出版社,2003:25.

象二次创造后的升华。

第二节 审美意象的创构过程

审美活动是意象创构的活动,是从"眼中之竹"到"胸中之竹"到"手中之竹"的过程。审美意象是主体由触物起情,感悟通神,体物得神而创构的,体现了独特的审美思维方式和创造性特点,是基于审美经验的价值判断。审美意象的创构在物我交融中体现尚象精神与和谐原则,从虚实相生中体现出空灵剔透,由生生不息的生命精神而进入体道境界,这也是主体自我建构的过程。艺术作品中意象的创造以物象和事象作为源头活水,彰显了主体的创造精神,通过技术和媒介创造性地进行物态化,并给欣赏者留下再创造的余地。在中国传统美学思想中,意象是物我贯通、情景合一、神合体道的创作过程。

一、物我贯通

意象来自审美活动中审美主体与审美对象的融通,在物我的感应中反映出心灵对外物的亲和与认同。面对美的事物,如果各种感觉能连通起来,就会物我感应,享受无穷的乐趣。在审美中最常见的审美通感是视听通感。视听通感有两种形式,一种是由听觉挪向视觉的审美通感,例如,"余音绕梁,三日不绝"中的"绕梁",是由听觉形象转为视觉形象,又保留了听觉形象。"避人幽鸟声如剪"(林东美《西湖亭》),树林中鸟儿的声音好像是剪出来的一般细碎,听觉沟通了形体视觉。另一种是由视觉挪向听觉的审美通感。例如,"红杏枝头春意闹"(宋祁《玉楼春·春景》),是由对"红杏"的视觉中,产生"闹"的听觉形象。画家齐白石应老舍之请画的《十里蛙声出山泉》,也是由视觉形象引导人们调动听觉器官,获得听觉形象。"隔竹拥珠帘,几个明星切切如私语"(黄景仁《醉花阴·夏夜》),对星星的视觉连通听觉,似乎听到星星在说悄悄话。

　　审美活动中的物我贯通,实际上是观物寄情、以心照物的传统方式。通过这种审美观照,人们使自身的存在得到强化,使自己的生命更加充盈,这可以说是一种经由审美达成的"物我同一"的人生境界。这种审美探索还可以视为一种"入乎其内,出乎其外"的变化气质的过程。在此过程中,人们或身与物化、逍遥遨游犹如庄周梦蝶,或"化景物为情思",借松梅竹兰等高洁之物以表明心志,最终在高级审美体验的驱动下,重新扬起生命的风帆。

二、情景合一

　　所谓情景合一,更贴切地说乃是心象合一。情景合一或是心象合一,其本质是在审美过程中的物我为一的结果。其核心在于两个方面,其一是我与物、意与象的感通,其二,从更高的层次上看,是审美主体的感性和内在精神的统一。这种情景,心象合一产生的审美意象,乃是主体在审美活动中消除了物我的界限,突破了主客的窠臼,使得心中有象,景中含情,二者浑然为一的结果。因而情景合一显得缥缈灵动,王夫之在《船山全书·古诗评选》中说:"言情则于往来动止、缥缈有无之中,得灵蠢而执之有象;取景则于击目经心、丝分缕合之际,貌固有而言之不欺。"他强调诗的魅力在于情景的审美发生的当下性,强调艺术的直觉的重要性,这也就是情景契合的媒介。另外,审美体验中的象征和比拟,是情景交融、心象合一的重要中介。当主体需要表达难于直接表现的内在情意时,便需要比拟,以人喻物,因物拟心,使情意借助于审美等价的感性物象加以表现。

三、神合体道

　　在意象的创构过程中,主体经历了由耳闻目视到神遇的过程,这也就是叶燮在《赤霞楼诗集序》中所说的"触于目,入于耳,会于心",使主体的生命精神与对象相交相融,最终实现人生理想的升华,"与天地精神往来,与宇宙之道贯通"。《文心雕龙·物色》有"神与物游"之说,均曾谈及对象与主体内在之神的相遇和融合。在西方美学的语境里,神合体道,即首先让审美主体放下主客二分的预设,将世界(包括自然界)从分别辨析的理性中解放出来。此时世界或外物已经不是客体,而是主体了。然后,审美主体把世界置入自身的情意中,把世界当作人格化的对象主体,与其进行情感的交流,由此达到主客同一、物我两忘的审美境界。在审美活动中,认识论层面上的主体与客体间的对立被克服,主客关系转变为主体与主体间的关系,也就是主体间性,审美主体由此进入了真实的存在。以文学为例,在品味文学作品的审美活动中,真正通达的审美体验是文学的存在形式不再是兀然自在的文本客体,文学形象成为与我在本质上对等无异的另一个主体,最终与我合为一体。总之,意与象的契合为一,心与物的相即相融,以及在此过程中生发的审美意象正是一个体现生命精神的有机整体。在审美的意义上,意象是由意与象相互依存、共同创构而成的。

第三节 审美意象的两大类型

审美意象具有动力心理与认知心理的双重价值,它使通常在日常生活中难以认知的情绪生活,化为意象被重新认知。审美意象的这一根本性质,使艺术成为人类情感再体验、再评价的强有力手段,成为陶冶情性、重塑个性的重要途径。据此,可将审美的知觉性意象与想象性意象作为审美意象的两大类型。

一、知觉性审美意象

知觉性审美意象是审美活动中物我双向交流的心理成果。

自然的人化,人类在历史实践的基础上达成的人与自然的亲和关系,是物我双向交流的基础;主体在审美感知中,经由认同(审美特征的契合)、共感(生命节奏的共振)和神合(审美体验的升华),形成知觉性审美意象。

知觉性审美意象,产生在物我不期邂逅的刹那之间。审美主体与对象如逢故知,仅仅借助感性,审美感知就铺陈出整幅先验审美经验的画卷。这时呈现于审美主体意识中的,便是鲜活的知觉性意象。陶渊明《饮酒》第五首写道:

> 结庐在人境,而无车马喧。
> 问君何能尔?心远地自偏。
> 采菊东篱下,悠然见南山。
> 山气日夕佳,飞鸟相与还。
> 此中有真意,欲辩已忘言。

全诗关键唯在一个"见"字,这不是普通的"见",而是一种特殊的"观看"。诚如朱光潜在《诗论》中说的:"'见'为'见者'的主动,不纯粹是被动的接受。所见对象本为生糙零乱的材料,经'见'才具有它的特殊形象,所以'见'都含有创造性……"对"见"这一美学用语含义的阐发,体现了中国传统美学关于审美中物我关系的独特理解,它迥异于西方美学。

西方美学历来强调在欣赏艺术或创造艺术时,要遵循"生气灌注的原则"。对于靠什么来为对象灌注以生气的问题,康德的回答是靠心灵多种能力的自由活动。他把这一观点用于分析崇高,指出主体在获得崇高感时,有一种"偷换"作用。他在《判断力批判》中说:"对自然的崇高感就是对我们自己使命的崇敬,通过一种'偷换'的办法,我们把这崇敬移到自然事物上去。"黑格尔论述自然美时,尤其强调"生气灌注的原则"。照他看来,自然事物虽有抽象形式的美,但作为自在的现象,它的美是不充分不完满的。只有当人的灵魂为其灌注生气,使其自为地达到观念性的统一时,自然事物才能充分显示自身的美,所以,他坚持认为艺术美

"高于"自然美。里普斯的"移情"说,是全然建立在德国古典美学"生气灌注的原则"基础之上的。在他看来,没有"移情",便没有审美,而"移情作用",正是主体的"生气灌注"。

中国则不然。中国历来的美学思想,确认万物有其生命,所以传统美学不着重主体情意的单向投射,而力主物我双向交流的过程,按传统美学的论述,可依双方契合的深度,划分为三个层次:认同,共感,神合。

(1)认同,是最初的也是基始的层次。心物相互感通,首先要求主体对外物取亲切体认的态度。唯其如此,相遇之下,才不存在物我的樊篱,我才一见而生认同的欣喜:

采菊东篱下,悠然见南山。

句中"见"字,宋代俗本作"望",苏轼以为非是。他在《题渊明饮酒诗后》里说:"因采菊而见山,境与意会,此句最有妙处。近岁俗本皆作'望南山',则此一篇神气都索然矣。""境与意会",魏晋人称为"应目会心",唐人称为"感会",是传统美学熟用术语,指的是我与物相互认同、彼此交流的亲和状态。心既主动接纳外物,外物亦相亲相迎,唯其如此,所以谓"见"。若改为"望",观者固然主动了,受者之"山",却被推入被动地位。中国绘画尤其是山水画创作的八字要诀——"外师造化,中得心源",讲的也是物我彼此认同。

中国艺术讲求人对自然的亲和与认同,这和西方文化思想历来强调天人相分,强调人在实践全领域,在更大规模和深度上与自然对峙、冲突,对自然作征服和改造,自有不同。很显然,中国传统式的人与自然的亲和,是一种"原始的圆满",不过,它的视界和气象,都较为狭小,中国艺术缺少人对自然作英勇抗争的那种悲壮的、动人心魄的气概。传统艺术对人与自然亲和关系的追求,也有它的弱点。

(2)共感,是过渡性的层次。中国文化的心物感通,是建立在物类相感的观念之上的。同类事物或近似之物,有着近似的先验审美结构，秉持共同的生命运动节奏，因此当两者接遇之时，可以"同声相应，同气相求"。

节奏的概念，在中国起于音乐。"节奏谓或作或止，作则奏之，止则节之。"(《乐记》孔颖达疏)而古时的乐，作为祭祀的动力系统，足以配祖考，足以荐鬼神，是"与天地同和"的伟大精神力量。因而音乐的节奏，不只是声音在时间上延续的或作或止，而且是宇宙间阴阳二气相生相薄、相摩相荡的运动状态的显现。节奏的谐和状态即是"韵"。节奏既来自元气运动，来自宇宙生命，"韵"便和"气"结下不解之缘。"气韵生动"，几乎成了艺坛常谈，成了艺术生命的同义语，成了审美的基本要求。秦汉及其以前，韵指声音之和："韵，和也"(《说文》)，"声音和曰韵"(《玉篇》)，但在"形而上"的哲学玄思中，也有"舍声言韵"的命题：老子的"大音希声"，庄子的"天籁"，都指一种超越感官和知识的宇宙生命运行的节奏和韵律，它们是超感性的，只有"盛德之人"通过神秘的"冥思"，才能把握。

魏晋人引庄入易，煽扬玄学，把道家"形而上"的超感性体验，落实到"形而下"的感性体验，王羲之在《兰亭诗·其三》中这样写道：

> 三春启群品，寄畅在所因。仰眺碧天际，俯瞰渌水滨。寥朗无涯观，寓目理自陈。大矣造化功，万殊莫不均。群籁虽参差，适我无非新。

暮春时节，万物争荣，诗人仰眺俯瞰，刹那间感受到宇宙生命的律动，感受到这一律动与内在情怀的契合，参差的"群籁"(天籁、地籁、人籁)，在"目应心会"中和谐统一，使诗人情怀得以畅发。"寓目理自陈"，"适我无非新"，对宇宙间谐和节奏韵律的感受，不再由"盛德之人"独占，而成为艺术家所拥有的、习见的审美感受了。

从今天的心理学来看，晋人"舍声而言韵"，正标志着由时间美感向空间美感的转移。宗白华在《美学散步》中说，"一个充满音乐情趣的宇宙(时空合一体)是中国画家、诗人的艺术境界。"其实,书画、雕塑、建筑,举凡中国杰出的艺术品类,莫不臻于此境。

(3)神合,是物我交融的指向和归宿。在庄子的美学中,将这一境界称为"身与物化",在西方,便谓之体验到"宇宙意识",产生了"高峰体验"。

由于老庄哲学和禅悦之风的久远流行,中国传统艺术早就在追求体道、禅悟的境界,实际上是将"神合"感奉为审美与艺术的极致。李白诗《赠丹阳横山周处士惟长》云:"水色傲溟渤,川光秀菇蒲。当其得意时,心与天壤俱。闲云随舒卷,安识身有无。"神游天地,不知有我,这是对带有道家家风的神合感的流露。在山水游记中,我们还可以读到对"神合"感的更具体而微的描述,如柳宗元的《始得西山宴游记》:

悠悠乎与颢气俱,而莫得其涯,洋洋乎与造物者游,而不知其所穷。引觞满酌,颓然就醉,不知日之入。苍然暮色,自远而至,至无所见,而犹不欲归。心凝形释,与万化冥合。

又如袁中道的《珂雪斋文集·爽籁亭记》:

收吾视,返吾听,万缘俱却,嗒然丧偶,而后泉之变态百出。初如哀松碎玉,已如鹍弦铁拨,已如疾雷震霆,摇荡川岳。故予神愈静,则泉愈喧也。泉之喧者,入吾耳而注我心,萧然冷然,浣濯肺腑,疏瀹尘垢,洒洒乎忘身世而一死生。

上述两则游记都表明,审美中"神合"感的获得,首要条件是"忘我",而当一个人进入"神合"之境,就标志着这个人已全然忘怀于人间世的蝇营狗苟、锱铢得失,超越了时间空间的物理限制,体悟到宇宙人生的奥秘,获得了精神生活的极大自由。因此,"神合"的境界,也就是审美中最高的自由境界。

由物我"神合"而产生的审美意象,既非比喻,亦非象征,而是王国维所说的"以物观物"。在这种观看方式下,花还是花,但花又是我。这一花的意象之中,有"我"对宇宙意识的体验,有"我"的生命与花的生命的同一。日本俳句大师松尾芭蕉曾提供"蛙跃古池的声响"这样一个平凡而又不平凡的意象:

荒寂的古池/刹那间传出蛙的/扑通跳水声。

一只青蛙,轻身一跃,以清脆的入水声打破了古池的宁静,这似乎没有什么"神合"可言。其实不然,芭蕉以此诗开创了俳句中"以物观物",描绘自然的风气。这种基于物我生命的共感共振,"我"与"物"全身心拥合而产生的意象,其实是东方诗人所独有的。

总之,由认同、共感与神合的心理机制而形成的知觉意象,是物中有我,我中有物,主客体浑融一气的。

二、想象性审美意象

想象性审美意象具有"发愤抒情"的心理特征。"愤懑的郁积",是其孕育的基础;相关的情境,使之不平则鸣,得以宣泄表达,主体一旦为自己积郁的情感找到同构的象征形式,就能启导灵感,放飞想象,夹带主体的全部精神力量,将主体引入超验领域,神越而心游,进入理想的自由境界。

荣格将艺术创作分成心理模式和幻觉模式两类。前者提供的意象,包含着人们熟悉的、意识水平上的心理经验;后者提供的则是幻觉意象,包含着"超越了人类理解力的原始经验",即"集体无意识",需要借助神话想象来赋予它形式。荣格显然偏爱后一种类型。他认为,幻觉型艺术能通过类似梦幻或精神病者的妄想中离奇怪诞的意象,将集体无意识传达出来。在论述这个问题时,荣格强调两点:第一,幻觉意象虽系艺术家创造性想象的产物,却是神话"原型意象"的无意识呈现。第二,幻觉意象虽以艺术家个人创造的成果出之,却"超越了个人生活领域而以艺术家的心灵向全人类说话";接受者面对这类意象,可以通过一种"神秘共享"状态,体悟其中的集体无意识。这两项为20世纪流行于西方的"神话原型"批评提供了基本准则,但是,荣格提出的基本准则,又天生带有难以克服的片面性。他过分强调神话"原型意象"的作用,实际上,"集体无意识"作为世世代代普遍流行的社会意识的沉淀物,它在艺术中的体现,绝不仅仅是神话"原型意象",而且包含大量的传统意象。同时,荣格"矫枉过正",强调无意识的集体性,也曾有意无意地抹杀了个体无意识在幻觉型创作中的意义。实际上,即便在幻觉型创作之中,集体的和个体的东西也是难解难分的。

中国传统美学关于艺术发生的"发愤抒情"理论,为想象意象提供了与西方美学不同的构成方法论。它没有荣格理论那样精奥,也没有它那种神秘论色彩和明显的片面性。"发愤抒情"论认为,艺术想象的展开,乃是诗人郁结于心的深层情绪,已然无法通过一般的创作得以宣泄。诗人的情思驱使他突破常规,在想象中展开审美境界,无论是历史人物、事件典故构成的传统意象,还是荒诞孟浪的神话意象,都可以为作者所用。总之,"发愤抒情"提供的是想象性意象,即荣格所指的幻觉意象。

陆游曾在《读唐人愁诗戏作》中说:"不为千载离骚计,屈原何由泽畔来?"屈原行吟泽畔,开创了"发愤抒情"的楚骚传统。王逸在《楚辞章句·序》中就这样评说:

> 而屈原履忠被谮,忧悲愁思,独依诗人之义,而作《离骚》,上以风谏,下以自慰。遭时暗乱,不见省纳,不胜愤懑,遂复作《九歌》以下凡二十五篇。

这里讲的"诗人之义",实指孔子倡言诗的"兴、观、群、怨"四大使命,但王逸于四者之中,独拔这个"怨"字,而且他更尊《离骚》为"经",开启了后代"诗骚"(或"风骚")并称的风气。可见,"骚"来自"诗"而有别于"诗",至西汉已自立门庭。

唐人孔颖达在《毛诗正义》中,一方面照顾到班固对"诗言志"

的旧解,在"颂声"与"怨刺"之间不偏不倚,另一方面又给"舒愤懑"以突出地位:"诗者,人志意之所之适也……言作诗者,所以舒心志愤懑,而卒成歌咏",心中的天平终于向骚体倾斜。有唐一代,由李白倡导,骚体大兴。李白、李贺、李商隐,这"诗家三李"是骚体的杰出赓扬者。哀怨之作,感人至深。陆游在《澹斋居士诗序》中说:"盖人之情,悲愤积于中而无言,始发于诗。不然,无诗矣。"可以说,陆游的非发愤则无诗论断是唐宋诗坛的共识。

明清之际,"发愤抒情"与表现"童心""独抒性灵"相衔接,被赋予个性解放的新内容。以《离骚》为代表的"楚风",以其"动质而多怼,峭急而多露",以其能突破"怨而不怒""哀而不伤"的诗教樊篱,而重又获得赞美和宣扬。"发愤抒情"被推广到明清的众多艺术领域:李贽称《水浒》为"发愤之所作",蒲松龄自叙《聊斋志异》为"孤愤之书";尤侗称戏曲正可补诗歌之不足,更能"发愤抒情"。"发愤抒情"成一时风气,甚至有主张以山水"舒愤"者。"发愤抒情",非独渊源深远,还有着丰厚的"哲学—心理学"内涵,这可从以下三方面进行探讨,以窥见想象性审美意象。

(一)愤懑的郁积

现实生活中,人们由于环境原因,会产生焦虑、烦闷、忧郁的负面情绪。这种被压抑的情感,要求释放与宣泄,但又无法排解,就借审美形式诉诸想象和幻想,成为艺术作品中想象意象构成的动力。

这里的"愤懑",以个体的不幸遭遇——如怀才不遇、仕途坎坷或情场失意等为起点,如屈原的"发愤抒情"和司马迁的"发愤著书",则将重点移置至审美领域中来,他们不是强调所作的社会伦理价值,而是情感价值。一方面,他们仍肯定自己有匡世济民的高情远志;另一方面,他们又为自己的抱负和才略遭到困厄、阻挠和摧残而深感愤懑,对造成这一切的不合理外部环境不断抗议与抨击,并充分辩护这一对抗、抨击的正义性。正因为"发愤抒情"所舒的"愤懑"具有两重性,两者在作家心灵中的冲突、纠葛,造成反复缠绵、曲折回荡的深层情感状态,这种情感便带有悲壮的色彩和特有的感人力量。这实际上是个体情感意志与社会群体理性规范的冲突。涌动于作家内心的愤世嫉俗之情,成为冲击社会理性规范的感性力量。即使如屈原、司马迁未能突破既有规范的约束,但他们所表达的情感依然带有怀疑、消解既有理性结构的因素。

愤懑的郁积,作为一种艺术创作的动力理论,与弗洛伊德的精神分析学也明显不同。这两种动力论对个体感性与社会理性的相互关系有不同的理解:弗氏认为两者势不两立;中国美学则认为两者既冲突又统一。在弗洛伊德的人格三部结构里,个体心理内驱动力全然来自本能的"我"("本我"),它与道德文化的"我"("超我")之间的关系,是决然对抗的、压抑与反压抑的关系;现实的"我"("自我")居间调停。冲突愈烈,则要求从创造性想象转移升华的驱力愈强。相比之下,中国美学对个体感性与社会理性关系的理解较为合理。"发愤抒情",不否定外部环境对个体的压抑是艺术创作的动力,但也不否认个体感性与社会理性有相通融、相一致的一面。只是在不同的历史条件下,个体感性与社会理性之间,或以冲突为主,或以相融合为主,情况有所不同。实际上,这两者关系只有用历史主义的观点加以具体分析,才能合理把握。一种社会理性结构,本是为协调社会各个体的感性要求建立起来的,尽管对后者说来,它稳定、滞后,而且必然包含着群体与个体的反差,但它们之间,并不包含必然的对抗性。另外,社会理性结构也不是一成不变的,也是可以不断更新的,旧的理性结构在瓦解,新的理性结构正代表个体感性要求而焕发着朝气。

(二)情境的触发

相关的情境,使勃郁欲出的情绪冲动,找到了宣泄的契机。中国大量的怀古诗,多是因凭吊古迹而引发的古今兴亡的无限感慨。眼前景物无非是激发想象的触媒,艺术家由此及彼,经由类似联想、接近联想而思绪升腾,进入创造性想象的幻境。

中国艺术不看重对物象的模拟,而强调通过具体物象去领"悟"出隐藏于其中的意象。在多种艺术才能中,这种"悟"的本领,是最当紧的一种。"画圣"吴道子就是一位善悟者,郭若虚在《图画见闻志》中这样描述:

> 唐开元中,将军裴旻居丧,诣吴道子,请于东都天宫寺画神鬼数壁,以资冥助。道子答曰:"吾画笔久废,若将军有意,为吾缠结,舞剑一曲,庶因猛厉,以通幽冥!"旻于是脱去缞服,若常时装束,走马如飞,掷剑入云,高数十丈,若电光下射。旻引手执鞘承之,剑透室而入。观者数千人,无不惊怵。道子于是援毫图壁,飒然风起,为天下之壮观。道子平生绘事,得意无出于此。

裴舞吴画,如此动魄惊心,可谓是感天地而泣鬼神。此中之"悟",也正是"神用象通"的神思在起作用。

西方人谈艺,虽重视模仿,但也重视想象、灵感刺激,例如,达·芬奇教人观察污渍斑斑的墙面或五光十色的石子,火焰的余烬、云彩、污泥等,从中可以发现正在构思的风景画,甚至能发现战争场面、人物的动作、面部的表情等。这与怀素"观夏云多奇峰",文与可"见蛇斗而草书长",以及宋代画家宋迪指点陈用之"张素败墙"而得意象,是相契合的。

(三)神越而心游

在传统美学里,审美的想象活动又称"神思"。

萧子显在《南齐书·文学传论》中云:"属文之道,事出神思,感召无象,变化不穷。"这里说的"感召无象",并不是真的没有"象",而是说想象之"象"可以生生不穷,极尽变化。这也就是说,作为审美的想象活动,大抵是无意想象,它不受自觉意识支配,其内容也非概念所能穷尽表达。

想象所翱翔的是无限的幻觉世界,在这里,现实时空中的事物发生了变形和置换。这里的一切,都已迥异于人寰,它不是常

第五章　审美意象

规常理所能解析、辨认的,然而,它却是"舒愤懑"的产物。忧愤的郁结,为想象的开展,提供了强大的心理动力。尽管想象世界难以理喻,浸透其中的情感基质,却可以意会,可以体验。

想象世界作为情感的抒发,完全可以采取不同的方式。

《离骚》中屈原自叙志洁行芳,却见弃于当世,受馋于群小,想象中的孤独,比现实的孤独更令诗人战栗。诗人就是这样用同步正衬的神话意象抒发了他伟大的孤独感。

阮籍的《咏怀诗》"言在耳目之内,情寄八荒之表"(钟嵘:《诗品》),号称题旨遥深,千载之下,难以情测。诗中意象无有起止,似杂沓而无端绪,然按情感线索,则可知每一意象均如同水流激起的不同浪花。

创造性的想象,能使人的精神活动,闯入超验的领域。汉张衡有《思玄赋》,李善言其题旨曰:

> 平子(张衡号)欲言政事,又为奄竖所馋蔽,意不得志,欲游六合之外,势既不能,义又不可,但思玄远之道而赋之。

屈原以神游天界映衬恶浊现实,阮籍以排比故实寄寓愤慨,张衡则不同。他思"玄远之道",是为了遁入神仙境界以寻求安慰和超脱,在超绝世俗的幻想境界中得到极大的满足。张衡"思玄"一赋,开创了魏晋以降的"游仙"传统。这种不食人间烟火、虚无缥缈的极乐世界,不能简单看成现实中未能满足的欲望的"替代性满足",畅游天界,作为对现实的逃遁,也自有不得已而为之的忧愤在。这种"思玄"的传统,可追溯至庄子,他最先确认并反复描述过这一点,他笔下的神人、真人、至人,都能"游乎四海之外",游乎无穷(《逍遥游》《大宗师》)。他们的活动领域是"方之外",即超验世界,这个世界是作为现实界的否定面出现的。这实际上肯定了通过想象获取精神自由的价值。"神越而心游",作为人们在精神生活领域到达理想境界的津梁,同样起于理想不能见容于现实的忧愤。

149

上述两大类型审美意象虽有区别又实为可通。物我交流,一旦进入"神合"阶段,那便已从知觉过渡到想象,过渡到"思玄"的超验领域;反过来,知觉意象可为"神越心游"提供契机,提供触媒,也可视为想象展开的基础环节。刘熙载在《艺概·赋概》中说:"按实肖象易,凭虚构象难。能构象,象乃生生不穷矣。"不论知觉性意象还是想象性意象,都要从"实象"脱开一步,不粘不滞,让意象自己凭借情感的推动,去生生不息地生展、衍化,让生气自然而然地灌注其中。

第六章 应用型高校大学生与美育

随着时代的发展和社会的需要,培养应用型人才已成为我国高等教育的重要任务。在这一形势之下,应用型高校应运而生。在应用型高校的教育教学实践中,由于过度关注大学生的专业知识与技能教育,忽略了对大学生的审美能力的培养,从而导致大学生的精神危机日益加重。面对这一现实,应用型高校必须高度重视美育,通过培养大学生认识美、体验美、感受美、欣赏美和创造美的能力,使他们具有美的理想、美的情操、美的品格和美的素养。

第一节 应用型高校的含义、形成背景及基本特征

根据《中国人才发展报告(2009)》对 2008—2020 年城市人才队伍的需求预测,中国的经济发展和人才结构存在脱节,应用型人才短缺现象比较严重。今后,我国的应用型高校还需不断进行发展与完善,以培养更多高质量的应用型人才。

一、应用型高校的含义

20 世纪中叶起,西欧、北美和日本等发达国家的高等教育逐步普及,应用型本科教育在各国迅速崛起,应用型高校也随之诞生。应用型高校在专业设置上侧重应用技术,重视实践教学,以培养各类高级专门人才为主。我国学者潘懋元先生曾对应用型

高校下了一个较为准确的定义,认为应用型高校需要具备四个特点:一是以培养应用型人才为主;二是以培养本科生为主;三是以应用型教学为主,辅以的研究是应用型、开发性的研究;四是应用型高校应该以面向地方为主,为地方服务。不过,到目前为止,不论是西方学界还是我国学界,对应用型高校的含义还未形成统一观点。本书结合相关学者的观点,认为在对应用型高校的含义进行界定时,需要包含以下几方面的内容:

(一)应用型高校要根据行业需求来设置学科专业

应用型高校要根据社会发展的不断需要、行业的变化以及产业结构的调整来设置学科专业。应用型高校在专业设置上必须与地方经济和区域经济的发展需求相符合。只有这样,才能确保应用型高校形成科学合理的学科专业布局,并保证所培养的应用型人才符合社会发展的需要,真正做到服务于社会。

(二)应用型高校要以服务地方、应用为本为办学定位

应用型高校特别是我国的应用型高校,多是为适应地方的经济发展需求而兴办的,重点培养为地方经济或区域经济服务的具有专业能力的应用型人才。也就是说,服务地方、应用为本是我国应用型高校最根本的办学定位。

(三)应用型高校要注重构建以能力为本位的教学体系

应用型高校对应用型人才的培养,主要是通过应用型教学来实现的。这就要求应用型高校在构建教学体系时,要以能力为本位,以便大学生能够在教学中获得适应基层工作岗位所需要的知识、能力和素质。

应用型高校在构建以能力为本位的教学体系时,要注重突出实践性教学的地位,以切实提高大学生的知识运用能力。

(四)应用型高校要坚持产、学、研融合的人才培养模式

应用型高校在培养应用型人才时,必须坚持产学研融合的人

才培养模式,即应用型高校应根据自身的特点和教育需求,在与社会、行业、企事业单位进行科学研究、技术研发、教育培训等方面的合作过程中完成其使命和责任。通过社会实践,才能真正培养出为地方经济服务的应用型人才。

二、应用型高校的形成背景

应用型高校的形成背景,概括来说有以下两个方面:

(一)高等教育出现了从精英教育到大众化教育的转变

随着社会发展的需求,高等教育呈现大众化发展的态势,应用型高校随之产生。

美国的教育社会学家马丁·特罗教授提出了高等教育大众化这一理论。他在《从大众向普及高等教育的转变》和《高等教育的扩展与转化》这两篇文章指出,高等教育将由培养"学术精英与统治阶层"转变为既培养广泛的精英,又着重培养应用型、职业型的专门人才;他提出了"精英——大众——普及"高等教育发展的"三段论"量化指标,在目前已被教育界认可。

相比其他国家,我国高等教育进入大众化阶段的时期要晚一些,这与我国在高等教育的发展过程中长期实行适度或稳步发展高等教育的方针,控制招生规模,在学人数增长缓慢有着密切的关系。到目前为止,我国高等教育已进入大众化阶段,办学的类型日益多样化,其中应用型高校便是其中的一个重要类型。

(二)高等教育由注重学术研究转向注重应用

从本质上说,高等教育由精英教育向大众化教育的发展过程,就是高等教育的类型由单一学术型向多种应用型演变的过程。在这个发展过程中,高等学校从培养少数精英人才转向培养各种类型的应用型专门人才。因此,应用型高校的创办与发展受到了社会的广泛关注。

大学的教育从欧洲中世纪开始,这些大学的专业以文学、法律、医学、神学等为基础,缺乏社会实践。18世纪以来,资本主义经济发展和工业革命的兴起,促使教育类型逐渐发生新的变化。第二次世界大战之后,应用型教育得到迅速发展并逐渐成为高等教育的主体。

我国从1978年开始,逐渐将工作的重心转到经济建设来,生产力水平迅速提高。在这一经济形势之下,我国对经济建设基层的应用型人才的需求不断增加。1993年,中共中央、国务院发布的《中国教育改革和发展纲要》中就明确提出,高等教育发展的目标之一是"重点发展应用学科"。2001年,教育部在《关于做好普通高等学校本科学科专业结构调整工作的若干原则意见》中再次强调:"大力发展与地方经济建设紧密结合的应用型专业。"此后,我国应用型高校得到不断发展,培养了越来越多的应用型人才,极大地推动了我国经济社会的有效发展。在未来,应用型高校仍然是我国高等教育发展的一个重要趋势,而且随着我国经济与教育水平的不断提高,应用型教育必将备受青睐。

三、应用型高校的特点

应用型高校作为新兴的大学类型,需要在实践中不断总结探讨。从现有的实践经验看,应用型高校办学有以下几个特点:

(一)以培养应用型人才为目标

应用型高校自诞生后,其人才培养目标便是培养直接为地方经济社会发展服务的应用型人才,注重提高大学生的社会适应能力和工作能力。

(二)为行业或地方区域经济社会发展服务

社会服务是高校四大职能之一,高校应担当起服务社会的职能。因此,应用型高校的一个基本特征就是以行业或地方区域经济发展服务为宗旨,根据社会发展需求,明确办学定位。

(三)实现产、学、研结合的教育形式

应用型高校的根本任务是培养一大批具有相应理论知识和较强实践能力,可以为地方经济发展服务的专门人才,因此,产、学、研合作的模式是提高教学质量最有效的途径。应用型高校的科研也应与社会经济发展相结合,参与到企业中来,解决现实问题,推动产业发展。应用型高校在发展的过程中应大力推进教育和应用型科研的结合,并不断对实践教学进行创新。

(四)以社会经济发展需要为前提进行学科专业设置

应用型高校培养的人才要适应社会需要,不仅在办学定位上应坚持应用型方向,而且专业设置也应以服务地方经济为主体,根据社会发展,不断调整学科方向,只有这样,应用型高校培养的人才才能够跟上时代节奏,在经济社会中体现自身专业优势、发挥自己的作用,继而有效推动经济社会不断向前发展。

(五)课程体系建设注重学科与应用的融合

应用型高校在建设课程体系中,注重学科与应用的有机融合,这具体表现在以下几个方面:

第一,应用型高校在进行学科基础知识的教学时,注重遵循学科内部逻辑结构,适度降低学科的理论深度、提高学科的应用能力。

第二,应用型高校在设计学科基础知识的内容时,针对性要大为加强,即尽量考虑应用的需要。

第三,应用型高校的课程注重培养大学生多样化的应用能力,并在能力培养过程中注重向大学生传授更多的与应用能力相关的学科性知识,特别是经验性知识和工作过程性知识。

(六)将"以应用为核心"作为基本指导思想

应用型高校应把"以应用为核心"作为专业建设的基本指导

思想,在教学、科研、服务等各个方面都要针对地方区域或行业经济发展需求有的放矢地培养应用型人才。专业建设方面,应考虑所在城市经济、文化发展需要,了解城市发展规划、产业行业的技术需求等,设置学校的重点专业和不同专业的不同层次等。

(七)注重开发大学生的多元智能

在目前,应用型高校的生源主体多数为居于高考成绩中间段的学生,这些学生思想活跃、参与热情高、社会活动能力强,在教学设计中,教师应注重学生创新能力、动手实践能力、想象能力的培养,调动学生学习积极性,充分挖掘学生学习潜能。

第二节 应用型大学的学生特点与应用型人才

一、应用型大学的学生特点

应用型大学以应用型为办学定位,以本科教育为主,这些学校的发展,对于推进中国高等教育大众化进程起到了十分积极的促进作用。作为中国大学生的一部分,应用型大学学生的思想政治特点与其他大学生应该是一致的,但由于他们受生活环境、成长经历等因素的影响,在一些具体问题的表现上,又呈现出自己不同的特点,所以,要想搞好应用型大学的教育,就应当充分了解这类型大学的学生特点,以便采取更有针对性的教育手段。概括来说,当前应用型大学的学生主要表现出了以下几个方面的特点:

第一,具有较强的动手能力,但书本知识掌握得不够扎实,甚至有偏科现象。进入应用型大学的学生,在中学读书时,一般都兴趣浓厚,爱好广泛,很少踏踏实实、埋头书本,死啃书本知识。因此,他们与社会和实际生活接触得较多,在应用和动手能力方

第六章 应用型高校大学生与美育

面得到了较大的锻炼,但同时他们在这方面也耗费了过多的时间和精力,对书本和理论知识顾及不够,所以,这方面还需要应用型大学采取相应的措施。

第二,思想活跃,信息量大,接受新鲜事物快,但在问题的认识方面不深刻,对政治社会问题的关注表面化。应用型大学多为地方性大学,因而生源多来自当地,以城镇户口为主。从小在城市中成长起来的学生大都有较为广泛的见识,思想也比较活跃,收集信息的渠道多、能量大,反应比较敏捷,能较快地接受新鲜事物,思想也相对前卫和开放。不过,他们在现实生活中的阅历还很少,加之一部分学生在书本知识的学习上不够投入和深入,所以认识问题比较肤浅,尤其对社会上出现的一些政治和社会问题也停留在表面,往往只知其一不知其二或者是人云亦云,没有自己的主见,比如,他们拥护党的领导和走社会主义道路等,但又很少有人认真学习过马克思主义,研究过中国的历史和现状,别人怎么说,自己就怎么说。

第三,才艺较多,交往能力强,交往广泛,表现欲强,但自我约束与自我管理方面较差。应用型大学的学生普遍兴趣爱好广泛,有不少学生在大学之前就受过文艺、体育等方面的训练,所以,显得多才多艺。这一特点又使他们在一些活动中,表现得更为大胆、活泼,于是,他们的交往能力相对较强,交往范围较广,校园中的、网络上的、社会上的,他们都有交往的对象。当然,他们也有一个突出的缺点,尤其在独生子女的大学生身上特别明显,那就是自我约束与管理能力差,所以,在这方面应当得到很好的教育与引导。

从上述可以看出,应用型大学的学生特点,明显具有长处、短处或正负两面性。相比于研究型大学来说,这类学生更适合做应用型人才。作为培养这类人才的应用型大学,应当发挥自身的特长,扬长避短,因材施教,使这类学生真正成为社会需要的栋梁之才。

这里也需要注意,上面对应用型大学的学生特点也只是一个大致的描述,但并不代表所有应用型大学的学生都这样,也不代表其他研究型大学或是其他类型的大学学生就没有这些特点。

二、应用型人才及其特点

应用型大学的主要任务就是培养应用型人才。培养应用型人才是社会转型和经济结构发展的需要。那么应用型人才到底是什么？这种人才具有什么样的特点？以下进行简要论述。

(一)应用型人才的内涵

人类活动基本上可概括为两类:一是认识世界的本质属性及其规律;二是利用客观规律服务社会实践,即改造世界。根据这两类活动来看,社会对人才的需求也就大致有两类:一是研究型人才,二是应用型人才。应用型人才又可分为运用科学原理研发技术的人才和在生产中运用技术的人才(技能型人才)。从知识的生产到应用并产生成果一般要经过三个过程:一是生产知识,探究科学原理;二是衔接科研和实践,将科研成果转化为可行的工程方案;三是执行工程。生产知识的是研究型人才,实践知识的是技能型人才,衔接转化的就是应用型人才。

事实上,关于应用型人才到底该如何界定,至今还没有一个被广为认同的定义,况且随着社会的发展和高等教育历史的变迁,这一概念的具体内涵也会随之而变化。

我们认为,应用型人才就是指能将专业知识转化为技能的一种专门的人才类型,其具有良好的品格、扎实的理论基础、很强的知识应用能力和组织管理能力,主要从事一线生产。需要注意的是,应用型人才可以是本专科层次,也可以是硕士层次,还可以是博士层次。应用型人才也不局限于应用型大学来培养。有些"985"、"211"院校也可以根据社会经济发展的需要,承担部分应用型人才的培养任务。

(二)应用型人才的特点

与研究型人才和技能型人才相比,应用型人才具有自身一些独特的特点,主要体现在以下三个方面:

1. 知识行业性

在应用型大学中,设置专业的时候是以行业为参照依据来进行的,知识结构力求具有复合性、跨学科性和现时性,并突出行业性,例如,工程教育这一专业,设置的时候一般是设50%左右的工程科学基础知识和专业知识,30%左右的数学—自然科学基础知识和20%的跨学科知识,这样就突出了其行业性。从这种知识结构的设置来看,应用型大学培养人才时不一味追求学科知识体系的完整性与系统性,而是注重根据行业发展的最新要求构建知识体系,体现复合性和现时性的特点。在这样的设置下,培养出来的应用型人才有一个显著的特点,即知识行业性,他们也相对更有发展潜能和技术创新能力。

2. 应用复合性

应用型大学在培养学生的能力方面,更注重培养他们运用科学理论知识和方法综合分析、解决问题的综合能力以及将解决方案付诸实施的实践能力、创新能力。此外,应用型大学还应注重培养学生一定的沟通、管理、社交等方面的能力,所以,应用复合性也是应用型人才的一个突出特点。

3. 社会合作性

团队精神和社会责任感是现代企业十分看重的两个人才特质。就业者的动手能力固然重要,但并不占主导地位,现代企业更看重就业者的道德水平、敬业精神和稳定性。如果就业者没有责任心,爱耍小聪明,不注意集体利益,不爱与人合作,往往容易被企业淘汰掉。应用型大学与社会的关系是极为密切的,主要是为区域社会经济发展服务，培养各行各业的高级专门人才。因此，应用型大学教育就应非常注重大学生社会合作性的培养。在教育方面，尤其是素质教育方面，学校更应注重培养学生的综合能力。

三、应用型人才的素质要求

一直以来，学校教育比较偏向于提高学生的智力水平，不够重视心理素质以及人文素质。近年来，随着素质教育的不断实施与推广，学校更注重培养学生的综合素质了。对于应用型大学来说，要培养应用型人才，不仅要注重学生应用能力的培养，还应当注重综合素质的培养。应用型人才的素质结构至少应当由体质、知识、能力和品格几个部分构成。

（一）体质

体质即人的身体素质，包括体能和御病两个方面。体能是指运动机能，表现为运动时的力量、耐力、速度、灵敏度等方面。御病是指抵御疾病的能力。对应用型人才体质的基本要求是身体健康，具有良好的运动技能和抵御疾病的能力，能够胜任应用型人才的相应工作。

（二）知识

应用型人才一般要求要有合理的知识结构系统。合理的知识结构系统主要是指能够发挥知识迁移功能、自我生长功能、自我完善功能和创造性功能的知识结构系统。应用型人才的知识及其构成体系主要包括基础知识、学科专业知识和人文科学知识。基础知识是知识结构的根基；学科专业知识是应用型人才知识结构的核心；人文科学知识主要指的是管理与社会知识，这类知识是适应社会岗位要求的基础，是增强竞争力和做好工作的基本条件，主要包括经济管理、市场营销、行政管理、公文写作、社会学、艺术学等。

第六章　应用型高校大学生与美育

对于应用型人才来说,不仅在上述知识方面要有丰富的积累,而且还应当形成合理的知识结构。知识结构具有多种模式,典型的知识结构有以下几种:

(1)宝塔式结构。这种知识结构就像宝塔一样,由宽阔的塔基、较大的塔身和尖锐的塔尖组成。宽阔的塔基主要指的是丰富、广博的基础知识;塔身指的是精深、扎实的专业基础知识,包括基础理论、技术理论和应用理论等;尖锐的塔尖指的是面向专业科技发展前沿的高、精、尖知识,包括新发现、新观念、新见解、新创造。这种知识结构侧重于科技人才吸收知识和创新的过程,有利于人才迅速接近科学前沿,从事科学攻坚。

(2)"T"型结构。在知识领域中,有的人专业知识浅薄,但知识面较广,其知识结构就像一个横杆"—";有的人专业知识精深,但知识面狭窄,其知识结构就像一个竖杆"|"。将这两种知识结构进行结合就形成了"T"型知识结构,这种知识结构的人博专相济,既有较宽的知识面,又有较精深的专业知识。

(3)网络型结构。众所周知,当今是网络知识时代,知识爆炸、信息超载,学习碎片化,这种情形要求人们的知识要更为系统丰富,所以,网络型知识结构出现了。这种知识结构秉持知识本是一个不可分割的整体的观点,是学习者以个人的主观能动性为核心。这种知识结构具有较强的适应力,能够在较大的时空内发挥作用。

知识结构不存在固定的绝对的模式,可以多种多样,每个人都可以选择适合自己的知识结构模式。

(三)能力

相比于研究型大学,应用型大学更应注重培养大学生的能力。

(1)应用能力。应用能力是应用型人才需要具备的基础能力。它是通过社会实践,在实际应用中磨练出来的。这种能力附带的特性是准确性、灵活性、迅速性、协调性,应用型人才具备应用能力就要注意保证这些特性。

（2）管理能力。管理能力来自决策能力和组织管理能力。决策能力是对各种方案做出优劣判断、进行取舍，所以，决策过程实质上就是选择的过程、思维的过程。良好的决策能力是一个人的智慧、经验和知识的综合体现。组织管理能力就是把各种力量合理地组织和有效地协调起来的能力，所以，有时候也称为组织协调能力。在当前复杂的社会环境中，组织协调能力非常重要。应用型人才拥有这一能力才能更好地协调关系，才能更科学合理地用人。

（3）创新能力。创新能力是指在特定的社会环境中，以现有的知识和物质为基础，以有别于常规或常人思路的见解为导向，改进或创造新的事物的能力。在当今科学技术飞速发展的时代，创新能力越来越成为一个国家国际竞争力和国际地位的最重要的决定因素，所以，培养应用型人才就必须重视他们的创新能力，让他们不断有新思想、新理论、新方法和新发明产生。

（4）适应能力。当代社会环境极为复杂多变，应用型人才想要实现自身价值，更好地适应社会，就应当不断提高自己的适应能力。适应能力对于应用型人才非常重要。芜杂信息甄别能力、突发情况应变能力、自我情绪调节能力、交际和团队合作能力等都属于适应能力。

（5）表达能力。表达能力在人际交往中是沟通的主渠道，它包括口头表达能力和书面表达能力，它是交流思想、交流感情的基础性素质。对于应用型人才来说，表达能力必不可少，很多职业要求与客户之间展开良好的沟通交流，以促成工作的顺利开展。

（四）品格

品格是品质和人格的总称。品质主要包括政治品质和思想品质，就我国来说，应用型大学的学生应具备的品质主要包括：坚持四项基本原则，拥护党的方针政策，具有无产阶级世界观、人生观和价值观,热爱社会主义祖国;具有遵纪守法、爱岗敬业、团结友爱、钻研创新、诚信廉洁等良好职业道德。

人格是个体具有一定倾向性的心理特征的总和,它是一个人的整个精神面貌。对于应用型人才来说,品格要求主要是:具有顽强、坚毅、勇敢、果断的意志;具有强烈的事业心和责任感;对本专业具有浓厚的创新兴趣。

第三节 应用型高校大学生审美现状及应用型高校美育的现状分析

一、应用型高校大学生审美现状

(一)应用型高校大学生审美现状的总体评价

1. 大学生具备一定的理性审美判断力,但缺乏相应的深度认知

大学生有一定的审美判断力,可是许多大学生只是对一些审美现象做出"对"与"错"的判断,其中,很少有人可以对这些现象或者判断给予深层次的剖析和解读,由此可见,大学生对一些不符合大众审美观念的审美现象、审美行为还是缺乏相应的深度认知。

2. 应用型高校学生审美素养的总体水平有待提高

第一,许多大学生从小缺乏正确审美观的培养,容易受到社会上一些潮流、流俗的影响,缺乏经典艺术教育。

第二,由于受主体差异因素的影响,大学生个体审美素养如审美情感、审美判断力、审美创造力等方面"参差不齐",使得大学生群体的审美素养状况出现较大差异性。

总体来看,大学生的审美素养的总体水平是有待提高的。

(二)应用型高校大学生审美存在的问题

大学生在审美情感、审美感受力和审美批判力等方面问题显著,从学生个体视角看,当前应用型高校大学生审美问题主要表现为审美情感缺失、审美感受力肤浅、审美批判力匮乏等问题。

1. 审美情感缺失

审美情感,是审美主体对客观存在的美的体验、领会和态度,它属于人类的高级情感,是主体人实现"超我"的本质体现,其贯穿于审美过程始终,是审美活动的条件和动力。审美情感是一个人的审美素养的重要组成部分,在人的审美活动过程中具有重要作用。在当前大学生审美素养存在的各类问题中,就审美情感而言,其突出的问题就是审美情感的缺失问题。造成大学生审美情感缺失有以下原因:

第一,大学生失真的审美情感状态。审美情感应是审美主体真情实感的自然流露,是审美心境的真实写照。然而,当前很多大学生对美的体验和感悟,并不是源于内心的真情实感,很多时候都是为了审美而审美,缺乏本所应有的真挚情感。

第二,大学生单调的审美情感方式。当前许多大学生的审美情感是单调、乏味的,许多大学生审美情感还停留在感官化方式阶段,这需要在文学、艺术方面全方位熏陶、培养。

2. 审美感受力肤浅

审美感受力通常指的是审美主体在审美过程中对审美对象本质内涵和内在意蕴的感知能力,包括了审美感觉、审美想象、审美认知等各种能力。

当前,大学生审美感受力的肤浅问题较为显著,严重影响到了大学生审美活动正常开展,一旦正常的审美活动受到制约和影响无法开展,大学生整体审美素养的提升势必会受到很大程度的

限制,这样使得审美活动过程中的审美效果和审美境界将无法得到有效保障。造成大学生审美感受力肤浅的原因有两个:

第一,大学生对于"美"这个概念认识不够深刻,这深刻影响了大学生的审美感受力。许多大学生对美的认识基本上都是直观性、直觉性的,只有很少的大学生能从美的内涵、本质、价值等方面对美有深刻的认识和系统的理解。

第二,大学生对美的认知不到位。许多大学生在审美活动中,经常只是关注事物的表面。审美想象力、审美感悟能力以及审美认知能力不足,往往将对事物肤浅的感觉视为审美,对待审美对象总是用感性形式加以观察、认识和理解,缺乏对事物本质意涵和深层意蕴的理性认知。

3. 审美批判力匮乏

审美批判力主要是指在审美活动中审美主体对美及审美的分析辨别能力、选择吸纳能力、批判抵制能力等多种能力的综合。审美批判力作为审美素养的重要构成要素,是审美主体自我提升、自我教育的关键路径,是主体审美能力的主要内容和重要体现。大学生审美批判力匮乏的出现,究其原因主要有以下三个:

第一,大学生审美分析鉴别能力较弱。由于网络环境的影响,许多大学生对审美问题没有自己的判断。何为真正"美"? 什么是审美? 对某些审美活动或行为的性质、内容、形式和规律还不能准确把握。有部分大学生没有具备相应的分析和鉴别能力。

第二,大学生审美选择整合能力不足。当前,大学生群体还相当欠缺对积极的、优秀的审美因素的鉴赏、选择、吸纳和整合的能力。部分大学生甚至对各类审美因素的选择和整合都没有相应的标准和基本的能力,从而使自身在审美活动中总是处于被动地位,极其不利于主体审美素养的提升。

第三,大学生审美批判抵制能力缺失。大学生群体自觉批判和抵制不良审美活动负面影响的能力缺失,这是当前大学生审美素养中的共性问题。究其原因,主要是因为目前许多大学生还没有形成正确的审美观,大学生对于自身审美行为并未建构起独立的审美价值取向,容易盲从。

二、应用型高校美育的现状分析

(一)应用型高校美育的认知现状

高校师生对美育概念的认识存在多样化现象。

第一,认为高校美育是课堂中对学生进行的审美知识和审美感受的教育。师生们普遍认为高校美育,就是高校的美育课程教育,而课堂是教授审美知识,培养审美感受的重要途径和场所。学校还应辅以大量美育活动贯穿其中。

第二,认为德育就是美育,将德育与美育混为一淡。一些学生对于德育和美育的界限认识并不清晰,或者将美育同德育混为一谈,或者将二者同一。当然,美育和德育是有区别的。美育和德育都是教育的要素之一,和教育一样具有培养人的功能和作用,但是,美育和德育又都具有其各自的特色和教育的特殊目的及目标。总体而言,大学生目前对美育的认知还不够。

(二)应用型高校美育的课程现状

1.部分高校还没有建立起美育课程体系

高校美育课程存在很多问题,归纳起来包括如下三个方面:

第一,仅开设美育理论课程,美育实践课程始终得不到学校重视,没有场地,造成了高校美育的进一步缺失。

第二,缺乏相应的美育教材。更多的美育课程根本没有相关的教材,美育教材的编撰更新是一项重要任务,高校美育教材需要加强建设。

第三,教学方法、授课形式比较陈旧,缺乏新意。目前要极力倡导建设和发展高校美育,就是要逐渐克服这种一味地灌输,在教学方法缺乏新意,缺少一些能够寓教于乐的好方法和好方式的情况下,努力加强美育建设开辟新的方式方法,切实发挥美育课程的作用,塑造学生良好的人格品质,培养有创造精神、创新能力、具有智慧和能够解决实际问题的全面发展的人才。

2.少数高校尝试建立美育课程体系

这里以西南交通大学和北京大学为例进行阐述。

西安交通大学开设了各类艺术赏析、文学作品赏析、艺术创作技能训练、美学或美育学科课程以及美育参观等实践类项目,已经基本搭建起完整的美育课程体系。此外,西安交通大学还实行了《本科生课外 8 学分美育评分细则》,学生可以根据自己的个人兴趣来选择参与各类美育课程或校内外美育活动而获得相应学分。

北京大学在加强校内艺术教育的方面做出了很多努力,开设了丰富的美育课程,在校园环境、校园文化活动方面注重美育引导,实现校内美育课程与校外的实践类课程相统一的美育课程体系。除此之外,北京大学还很注重校外美育活动资源的引入,比如,走进博物馆、参加合唱团、参加美术作品比赛等。

(三)应用型高校美育的现存问题

应用型高校美育目前存在着诸多问题,下面我们将从美育观念、美育目标、美育教师的专业化以及美育课程体系几个方面进行具体分析。

1.高校美育的观念误区

第一,把美育局限为艺术教育,使美育片面化。当前,在很多高校的固有思维中,把美育片面地当作艺术教育,忽略了美育所具有的广泛内涵。事实上,美育的确主要借助于艺术教育引导学生认识美、发现美,但艺术教育并不是美育的全部,两者之间有显著的区别。

第二,很多高校重视德育,忽略美育。在高校传统的教育观念中,德育占据着非常重要的地位。除了智育和体育之外,基本只有德育。美育即便有所实施,也只是作为德育的手段,甚至直到现在仍有不少人认为美育从属于德育,美育在我国学校教育体系中仍没有获得应有的位置。

第三,把美育等同于美学知识教育,使得美育表面化、肤浅化。美学知识教育在很大程度上是一种理论教育,主要传递给学生相关的理论知识。需要注意的是,它虽然可以让受教育者形成一定的美学理论素养,却不能形成学生的审美实践能力。高校美育,不能局限于在课堂上讲授美育知识,要开拓审美教育的空间,创新审美教育的方式。

2.高校培养目标趋向功利化

受社会诸多因素的影响,目前,我国高校人才培养目标出现趋于功利化的现象;同时,学生在社会、学校和家庭等环境的影响下,在个人的培养方面出现功利化趋势。

美育在素质教育中扮演着非常关键的角色,其培养目标是要实现人的全方位发展。高校人才培养目标是对受教育者个性在德智体美方面进行教育的预期效果和整体设想。因此,美育的目标是高校人才培养目标中的重要内容。目前,受社会环境等因素的影响,高校人才培养目标的功利性较强,以就业率为鹄的,在人才培养目标上注重短期效果,未能正确认识到大学生的长期、全面发展才是个人、学校和社会三赢的最佳选择。

随着社会的不断发展进步,整个社会的经济、文化在短短十几年时间里发生了巨大的变化。物质生活不再困乏,但社会压力明显增大,物质生活丰富,精神生活却趋于日渐贫乏的状态。世界交流日益密切,文化的多元化发展日趋明显,在这种复杂的社会环境下,传统的教育理念也受到一定程度的影响。蔡元培等一代教育家所倡导的以美育培养健全人格的教育宗旨也受到了冲击。主要表现为以下两个方面:第一,社会环境等因素造成大学生趋功利化,"无暇"审美。第二,大学生自身培养目标过于"功利化",易造成"单面人"状况。

3. 高校美育教师专业化建设不足

首先,由于缺乏直接效益反馈和确切、细化的制度要求,高校管理层普遍不够重视美育,因而首先在教师层面上就投入不足,从而导致了美育专业教师的缺失。其次,对于现有师资也没有明确的培养方案,没有长期的专职美育教师的成长方案,导致仅有的教师的水平良莠不齐,从而影响整个美育的过程和效果,这是缺乏美育教师队伍建设所带来的又一弊端。

4. 高校美育课程体系不够完善

第一,课程数量开设不足,作为公选课发挥的作用欠佳。课程缺乏新意,选课学生不多,课程容易流失。

第二,美育课程开设形式化。趣味化的美育课程少,课程设置以美学理论居多,缺乏参与性,缺乏实用性和吸引力。

第三,缺乏向专业课程的融入与渗透。美育并不局限于传统的艺术赏析等公共艺术类课程,其开展方式可以是多种多样的。目前,高校美育课程依然萧规曹随,在课程的交叉融合方面创新不多。高校应该将美育融入专业课程,使其完美地融入到学生创新课程中,使美育功能得到最大程度的发挥,体现现代教育的规律。

第七章 应用型大学美育教育

应用型大学在人才培养上更重视知识和技能的传授,往往忽视对大学生人格的培养。在现代性批判的语境下,审美是对抗工具理性对于人的异化的不可或缺的方式,是现代人获得完满存在的必经之途。人作为富于感性的理性存在者,应该接受审美教育。审美教育是培养和树立大学生正确的审美观,培育和提升大学的审美素养,促进大学生人格发展的主渠道。美育教育的目的就在于培养完美的人性,使感性的人成为理性的人,以能正确处理人与自然、人与人、人与社会之间的关系,在追求真善美的和谐统一中更加深刻地理解人生的真谛。应用型大学的职业性教育同美育是不矛盾的,在学好专业技能的同时,加强美育教育,促进学生完美人格的养成。本章就应用型大学美育教育的相关问题进行探讨。

第一节 应用型大学美育的当代价值

美育是一门促进人全面和谐发展的学科。对于现代大学教育来说,尤其是应用型大学教育,美育不应该缺位,美育应该是应用型大学教育的内容之一,否则应用型大学教育就不是完整的、健全的、理性的。如今,现代化给社会带来了生产力和科学技术的空前发展,以及随着物质生活和精神生活的迅速丰富,人们审美的趋向也发生了巨大的变化。因此,应用型大学实施美育也具有很大的当代价值。整体上来看,应用型大学美育的当代价值主

要体现在以下几方面:

一、促进审美的泛化

新时代,随着经济文化发展的变化,社会需要的是具备很高审美素质的劳动者,所以,今天对劳动者的审美教育需求不是停留在以前的道德层面了,而是把对美的鉴赏和创造,作为人类的一种文化素质渗透到劳动创造主体的心智中。日本设计师原研哉在《设计中的设计》一书中强调,如果我们周围的产品精心而美妙,那么人们的审美趣味将往正数上提升,如果我们周围的产品烂糟糟的,那么人们的审美趣味就会往负数上走。

现代产品所传达的审美信息能够更好的提升人们的审美品格。在生产劳动和工作中,应当使各种主观因素和客观因素按照美的标准——最高标准结合起来,如果能实现这种结合,人们就会充满自由创造的喜悦。人们驾驭自然规律去从事创造性的劳动,改变材料的性能和形状,最终制作出可以满足人们需要的物质产品。这种创造性的劳动,体现在设计、施工、生产、制作等生产的各个环节之中。在这些环节中,生产条件和生产环境也起着至关重要的作用。劳动条件和环境的美化和优化,是技术美学研究的主要内容。生产条件和生产环境的美化即是按照美的规律对生产条件进行设计和改造,使其适应现代化生产的需要。现在,人们对劳动过程中的工具、机器、车床、环境、工作服装、厂房布置都有了美的要求,一些发达国家开始提倡文明生产和科学管理,从而使劳动者在美化的环境中身心得到陶冶。在工业设计中如何按照美的规律塑造产品也是技术美学研究的对象。在物质生产活动中,为满足人们的某种需要而制作出来的人工制成品,都可以称之为产品。这些产品的审美价值主要是由功能美和形式美实现的,产品美的创造必须应用美学的原则,设计和生产出既有实用功能,又具有较高审美价值的产品。

审美文化的提出,正是这个时代的必然要求。所谓审美文化不外乎是指人类所创造的物质财富和精神财富的审美化,而不限于精神领域或是更小范围的艺术领域的审美。审美的泛化是人类文明的进步,生活的艺术化和艺术的生活化是社会发展的必然趋势。我们在讨论人才素质提高的时候,不单只强调其实用技能的获得和提高,还要强调人才对美的鉴赏和创造,具有美学或鉴赏力。这也就是应用型大学美育的当代价值之一。

二、加强审美的自觉

当今社会,信息化带动了高科技的迅猛发展,人们仅凭互联网和相应的终端设备就可以通晓天下大事,然而,社会信息化(高科技)的发展和审美文化的发展是互相作用的。信息化的一个副产品是审美日常化,过去只有精英阶层才会在意的生活细节和精神趣味在网络时代已经成为大众的共识,这些正是审美文化所要创造的,而审美文化的创造在智能手机普及的当下也已然成为人人可以参与的事业。这种双向的协调发展的结果,必然造就审美的自觉。

随着物质生活的提高,人们对审美的需求也越来越迫切。作为艺术创造者或产品开发者,如何提升作品的精神价值、审美价值,是需要我们着重探讨的问题。这也是应用型大学开展美育的当代价值之一。

应用型大学的宗旨是要培养适应社会发展的应用型人才,它的最终目的是要培养专业性强,具有想象力、创造力、审美自觉能力的人。

三、形成良好的社会审美氛围

在我国,美育有着悠久的历史和优良传统。早在中国古代,动听的音乐、美妙的歌舞在宫廷和民间都会广为流传。关于音乐、舞蹈的艺术素养也一直成为学校教育的重要内容。在当今,精神文明建设在社会发展中必不可少。在物质文明建设中,人们按照美的原则去改造世界,美化环境,装点建筑物;在精神文明建设中,美育能给人追求美好生活的精神动力,提高大众的审美修养,从而促进整个社会的审美化发展。因此,应用型大学开展美育,促使大学生形成健全的人格,能为提高全民族的素质形成良好的审美氛围。

第二节 应用型大学美育的目标与内容

一、应用型大学美育的目标

(一)美育目标的构成

应用型大学美育目标可以分为价值目标和终极目标两个层次。

1. 价值目标

相比美育终极目标而言,价值目标更为贴近现实,强调在教学实践中的可操作性。当前美育的基本价值目标就是通过审美教育提高个人素质、拓宽学生眼界。美育在与总体教育及人类社会的相互衔接、发展过程中,呈现出一种多维度、多层次、由低到高的螺旋式的逻辑功能结构。因而,其价值目标也呈现出多维度、多层次的性质。美育的价值目标体系,主要由教育价值和文化价值两大方面组成。

(1)美育的教育价值

所谓美育的教育价值,指的是美育通过向其他教育的渗透、联系、交互作用所产生的教育效应,以及由此对学生素质养成所起到的积极作用。由于教育价值是美育的本体性价值,因而其内涵十分丰富,涉及范围非常宽泛,包括德育价值、智育价值、体育价值、劳动(综合技术)价值。

美育的德育价值,即美育对学生道德素质养成的促进作用。美育对学生道德素质养成产生作用的机制,来源于美育活动所传达的审美信息。因为,以传递审美文化信息为主旨的美育过程,其根本目的在于提升学生对美的感悟力和创造力,以美育善、以美育德,从而引导他们追寻有意义、有价值的人生;在教育过程中,美育和德育是相互融通的。简言之,美育是通过其美之中所蕴含的"真、善、美"的因素来达到提高学生道德素质的。

美育的智育价值,即美育对学生智能素质养成所产生的有效影响。严格说来,学生智能结构的形成及智力开发,主要应依赖于智力教育,审美教育不可能取代智力教育。审美教育所起的作用,是从某些方面去促进和开发学生的智力水平。第一,审美文化是大学生智能构成中一般认知知识的重要组成部分。关于美育携带有丰富的智育信息,并能由此增加学生的智力知识的观点,早已为学术界及教育界所认同。第二,审美文化是大学生智能构成中专业认知与技能的重要组成部分。近年来,门类美学迅速发展,对人类各专业技能领域的审美因素、审美规律、审美技艺与要求进行着广泛的探索和归纳。不少企业与社会组织,也对自己的员工进行着此方面的培训,并据此提出了新的要求和工作评价标准,比如,对学工科的大学生,现代教育就已经提出了"技术美学"方面的要求,又如,对学师范教育的大学生,现代教育对其提出了"教育美学""教学艺术"等方面的要求。第三,审美文化是大学生智能构成中生活与交往技艺的重要组成部分。我们可以把嵌含在大学生社会生活(交往、协作、礼仪等)中的审美,称作"生活智慧"。这方面包括大学生外在形象、气质、服饰等方面的审美素养;大学生内在情感、智慧、境界、修养、心灵等方面的审美素养;大学生在社会交往中的礼仪要求,行为规范方面的审美定调;大学生在社会生活中应具备的充满艺术气质、审美意蕴的语言修养,等等。所有这些,仅通过专业教育是无法完成的,而审美

第七章　应用型大学美育教育

教育则有着无可比拟的优势。

美育的体育价值,即美育对学生体质素养方面的积极影响。第一,审美教育可使人身心愉悦、放松。如果大学生能经常参与审美活动,就可以长时期领略到审美愉悦,形成良好的心理状态,从而促进自身体魄的健康。第二,审美教育及其活动用自身的理性自由因素和形式美法则,直接影响学生的体魄健美。审美文化中所嵌含的理性自由因素,与体质教育有机结合起来,可以帮助大学生形成高雅、得体的体态、动作、行为、举止等。审美文化所规定的形式美法则,有助于大学生身体美的发展。因为,体质教育本身就是一种感性形式的教育,其中必然包含着相应的审美形式及其教育,比如,姿势、动作的调整与矫正,就既是体质形态的教育,又是审美形式的教育。凡是通过审美形式观照培养,其感性形式符合审美规律的,都有助于学生体魄的健美发展。

美育的劳动(综合技术)教育价值,即美育对学生劳动(综合技术)素质养成的积极作用。由于劳动(综合技术)教育在我国普教领域开展不够,因而在此方面的研究也显得不多。随着社会及总体教育的进步,相信劳动(综合技术)教育也会逐渐得到加强。美育对劳动教育的贡献主要表现在两个方面:第一,在审美教育范围内,本身就包括着内涵十分丰富的各种劳动—技能美学,比如广泛应用于工业领域的技术美学,在教育领域内新兴崛起的教育(艺术)美学,萌生于医学土壤中的医学美学等,它们可以直接交给学生开启劳动中创造与审美的金钥匙。第二,美育所形成的特殊的那种其他各育"不可替代的认识方法"(即审美思维模式、方法等),积淀为学生的特殊能力,应用于劳动过程,也可以起到特殊的作用。

(2)美育的文化价值

所谓美育的文化价值,即美育所形成的独立的审美文化体系,在社会总体文化结构中占有的特殊地位,以及它对社会总体文化结构中的其他要素所产生的互动影响而形成的价值。美育的文化价值是烘垫、托举美育本体性价值(教育价值)的一种基础性价值。它是与教育价值紧紧相交融、相依偎的。所谓美育所形成的审美文化,即人类的美育活动及其所创造的一切形式的成果。很显然,它与人类总体文化之间有着一种辩证统一的关系。一方面,审美文化是人类总体文化的一个子系统,它作为一个有机组成部分,消融在人类总体文化的各个领域和各个方面。从此种意义上讲,审美文化与人类总体文化具有同形的结构和相同的性质。人类总体文化既为审美文化提供了宽厚的社会基础和文化沃土,又规定和制约着审美文化的发展方向和速度,但是,另一方面,我们更为强调的是,审美文化在人类总体文化中又占据有相对独立的位置,或者说,人类审美教育活动是带有特殊性质的审美文化创造活动。这一点,通过对各类教育文化的比较研究,可以得到清楚的揭示,比如,德育主要是道德教化,智育主要是科学文化、技术文化,而美育主要是审美及情感文化。美育是传递审美文化的过程,通过美的形象打动学生,使其受到感化和陶冶,从而具备正确的审美观点和鉴赏美、创造美的能力。

2. 终极目标

相比注重现实的价值目标而言,终极目标是带有理想主义色彩的。可以说,美育的终极目标始终是完善人的存在和体悟人生意义,是以人的自由和全面发展为终极目的。通过美育来达到人格的培养是教育界的共识。在西方文学艺术史上,以古希腊的"完整人性"作为人的理想范型。席勒在《美育书简》第六封信中集中对比了古希腊社会和近代社会的状况,阐明了提倡美育的目的。他把古希腊奴隶主民主制理想化了,认为那时的希腊人的理解力和想象力,感性和理性,内容和形式,个人和群体和谐统一成了"完整的性格"。但是,由于科学的进步、分工的扩大、国家机构的精密化,造成了近代社会的一系列对立和机械化生活方式,使得人失去完整性格而成为断片。因此就需要美和艺术,需要美育来恢复古希腊人那种性格的完整,使个人得到全面发展,从而拯救国家和人类社会。蔡元培在《普通教育和职业教育》中重申了辛亥革命后所制定的普通教育的宗旨：养成健全的人格，发展共和的精神。并解释说："所谓健全的人格，内分四育，即体育，智育，德育，美育。这四者一样重要，不可放松一项的。"蔡元培从"教育救国"和"美育救国"的立场出发，提出"造成完全人格，使国家隆盛而不衰亡，其所谓爱国矣"。

美育无论采取何种形式，归根结底是为了解放人性，回归本真，实现人的自由全面发展。

当前，应用型大学美育目标的基本定位即实施以美成人，始终针对工具理性和物质主义对人的异化，始终坚持促进人的全面发展和"诗意栖居"。

（二）应用型大学美育目标的具体实施

应用型大学美育目标在具体实施过程中，需要遵循教育学的规律和审美的一般认识规律，以学生为中心，从当代青年的审美需求出发，循序渐进地进行审美教育。具体来说，在审美教育过程中要从以下两方面作为切入点：

1. 培养大学生的审美判断力、感受力和创造力

一个人的审美能力是从原生家庭开始的。如果一个人从有自我意识开始就经常接受正确的审美教育，他就可以形成辨别美丑的能力。反之，一个人从很小就开始接受、经常接触一些庸俗、低级、以丑充美的对象，就可能美丑不分，以丑为美。因此，学校美育是非常重要的。美有各种不同的形式、形态，渗透在生活的方方面面。

创造美，并不是艺术家的专利，应该说，每个社会成员尤其是大学生都有创造美的潜在能力。大学审美教育的一个重要作用就是要让每个大学生获得审美能力，认识到自己体内的艺术能力，发展他们的创作禀赋。

2. 培养大学生的审美意识和审美价值追求，使其超越"功利"

人对客观世界的认识与发现，有一个由"眼"到"心"的过程，

然后形成关于客观世界的思想或意识。人的思想或意识是人进行认识和发现的主观前提或心理基础,例如,面对一朵花,如果之前我们心里没有关于"花"的概念与形态,就会对这朵花视而不见。相反,我们如果心里有花,即拥有关于花的各种认知,就能将"这"朵花与"那些"花进行比较。于是,面对"这"朵花,就会有所发现,有所感受,有所省察,有新的认知。由此,我们要注重培养大学生的"审美素养""审美意识",培养他们拥有一双"发现的眼睛"。

二、应用型大学美育的内容

应用型大学审美教育内容要以大学生人格养成和综合素质提升为根本出发点和落脚点,遵循人的审美认知的基本规律来设计应用型大学美育内容。

(一)审美认知教育

审美认知教育的目的是培养学生形成自己的审美心理认知结构。获得加工审美信息的能力,对于形成正确的审美感受和审美意识具有重要作用。在具体的教育实施过程中,教师需要注重如下三个方面内容的设计:

(1)生动、活泼的审美基础知识教育。当前,在高校开设的审美教育课程及活动在很大程度上并没有摆脱以智育为衡量标准的基本思路,使原本从感性出发的审美又落入死记硬背的窠臼。审美教育不能再墨守陈规地机械灌输美学基本理论,而是要将审美鉴赏与当代学生的日常生活的有机结合起来,构成生动、趣味的系列内容。

(2)注重抓好文化经典教育。习近平总书记在2014年的文艺工作座谈会上的讲话,第一部分就列举中外文学大师、艺术大师的名字,一共有90位,同时,又提到中外历史上许多文学经典和艺术经典。习近平总书记这么做,是提醒我们要高度重视经典文化的传承。从文化传承、文化育人的角度入手,将经典美学理论和美育教育融合在一起,培养大学生的审美趣味和格调,传承经典。

(3)加强对于中华民族传统文化的审美引导。弘扬中华美学精神的审美教育才是真正意义的审美教育,继承了优秀传统文化因素的审美教育才担得起新时代的教育强国的重任。审美文化具有至上性,它和语言、风俗习惯等一样,都是民族文化的个性的突出表征。通过独特的审美文化,我们可以有效地识别民族性。审美文化具有超越性,它区别于道德、宗教和功利,是人类精神的最高境界,即作为人类追求"自由自觉"和建构人类本质的精神。近年来,学界对中华民族传统文化的巨大价值和重要意义的认识在党和政府的倡导下逐步加深,开始逐步树立起文化自信。中华民族优秀传统文化是值得珍视的思想精神财富,把中国的优秀文化传统传递给新一代学子,是应用型高校美育工作者义不容辞的职责。

(二)审美情感教育

审美情感从概念上讲是指审美主体对于美的各种意识形式的情感表现和内在心理表现。美育正是通过鲜明生动的形象激发人们的感情,在情感的共鸣中达到认识自然美、社会美和艺术美的目的。这就是说,人们通过对文艺作品或现实生活中美的风景、人物、事件、情景的欣赏,认识生活、欣赏生活,达到情动于衷,乃至灵魂陶醉的程度,从而使人受到强烈的情感陶冶和美的教育。

以美成人的审美情感教育包括审美关爱教育、审美理想教育和审美修养教育这三方面的教育内容。

(1)审美关爱教育。审美关爱教育与其说是认识性的,不如说是情感性的。它与审美认知教育不同,它的核心内容是帮助学生发现其人格本身与审美情感的内在契合。我们要在审美过程中,注重对学生情感品质的培养。

(2)审美理想教育。审美理想教育是指在教育过程中注重培养学生的审美境界、审美气象,帮助学生树立审美标准,培养学生的艺术直觉。审美理想在人的认知活动中发挥着极为重要的导引与推动作用。对美的坚信与追寻是许多重大科学发明的基本动力,比如,哥白尼提出的"日心说",在一定程度上就是源于对科学美的追求,尤其是受毕达哥拉斯派提出的圆(球体)是最美的图形、宇宙是球体等美学思想的影响。

(3)审美修养教育。"修养"一般指个体的自我锻炼、自我培养,以及在此基础上形成的各种能力和品质。审美修养教育则是在审美教育中有意识地促进受教育者审美心理结构的自我完善和发展,也就是实现审美他育到审美自育的转变,比如,孔子曾提出"修己以教人""修己以安人""修己以安百姓""文质彬彬,然后君子"等重要思想,把内在修养与外在举止的统一作为理想的人格的基本特征。审美修养的终极目的是帮助人们达到自由和谐的状态,回归精神家园。

(三)审美实践教育

审美实践教育可以有效地促进感性发展,通过审美实践活动,促进学生完整人格的形成。应用型大学在实施美育过程中,更应重视实践教育。

(1)尊重应用型高校大学生的个性。在教育过程中,由于学生个体存在差异,在审美修养、审美趣味、审美倾向和审美水平等方面都有不同。大学生还有较强的自我意识,喜欢独立思考和做出独立的判断。审美活动与个性特征是有密切联系的,在审美教育过程中,各人都是以自己的兴趣、爱好、倾向来欣赏、理解审美对象。施教者不可能像智力教育和道德教育一样,施以权威,以某种纪律或规范迫使受教者接受某种道理或知识,但施教者对于受教者来说,毕竟是处于主导的地位,这就要求施教者理解和尊重受教者的个性,要善于根据各个人的个性特点,引导他们进入审美境界,使他们正确理解审美对象,不断提高欣赏水平,以达到教育的目的。

（2）培养应用型高校大学生良好的审美趣味和审美领悟。审美教育以把握感性对象内蕴为归宿，而不是以逻辑分辨为主旨。然而，在智育统领一切的教育传统下，人们往往习惯了以概念、推理等形式来认识世界，很大程度上忘却了通过实践来直观体验审美形式的能动性。事实上，经由主体自身实践得到的内生的观念意识，往往比外界以概念形式灌输的观念意识更丰富，而且能对人的心灵产生更加深入细致的影响。从这个意义上讲，美育也就是一种感性教育。

第三节 应用型大学美育的原则与方法

一、应用型大学美育的原则

中华人民共和国成立以来，我国的教育法规中，把德、智、体、美、劳列入我国的教育方针。就目前高校教育的现状来看，应用型大学美育远不及德育、智育、体育等完善，在教育开展的实际中存在比较多的问题。根据以美成人的美育基本定位，结合当前应用型大学美育原则缺失的现实问题，在应用型高校开展以美成人的美育要遵循以下基本原则：

（一）寓教于乐的原则

美育是使人"乐"的教育。早在我国古代先秦时期，就提出了"乐者乐也"的观点。这种审美的愉悦与满足直接影响审美主体的情感、理智与思想，使审美主体或对真善美的人物、事物加以赞赏，或对假恶丑的思想行为感到愤怒加以谴责，学生自然而然学会分辨美丑，所以，审美教育要避免说教，要遵循教育学原则，贴近大学生心理需求，创造宽松的文化环境，使大学生乐在其中，浸染式地接受审美教育。

（二）潜移默化的原则

人们在欣赏审美对象时，不是有意识地、主动积极地去感受审美对象所体现的教育意义，而是通过栩栩如生的美的形象的感染，不知不觉地、自然而然地认识了事物美的本质和审美价值。人格的养成是一个漫长的培育过程。古希腊亚里士多德的"净化"说，贺拉斯的"寓教于乐"说，中国古代《毛诗序》说的"美教化，移风俗"等，都已意识到美与艺术对人有潜移默化的作用。潜移默化是审美主客体相互作用的结果，其客观基础是对象的高度表现力、思想的渗透力和情感的感染力，其主观条件是较高的感受力、想象力、理解力。当主体面对与自己心理结构适应或不适应的对象时，便同化、认同或者顺应、重建自己的审美心理结构。美的事物被潜移默化地接受后，可使人的心灵得到净化和提高。

美育实施中坚持潜移默化的原则，应坚持在校园文化中的渗透与贯穿美育。美育并不是不可见的虚无，而是一种潜移默化的感受，融合于学校的方方面面，并且是一种能真切感受到的事物，所以，校园文化需要提炼、物化和显现。校园文化能提升大学生的审美素养和审美能力。

（三）因材施教的原则

由于个体差异，每个人对美有不同的理解和认识。因此，大学美育要注意根据大学生的社会实践的不同、思想水平的不同、欣赏能力的不同因材施教。大学美育的要以学生为中心，注重个性化，才能有效提高大学生的审美意识。这种提高，是在普及基础上的提高，是因人而宜的提高，切忌"一刀切"。应用型高校在开展美育的过程中，要坚持因材施教的原则，根据大学生能力、性格、志趣等具体情况施行不同的美育。在以美成人的美育中，可从以下几方面来贯彻因材施教的原则：第一，分层实施美育；第二，选取不同内容，使其个性得到充分的发展；第三，激发学生提高自我美育的主动性。

(四)循序渐进的原则

大学生的审美素养是一个日积月累的过程。因此需要对他们进行系统地、循序渐进地、多方面地渗透和熏陶,培养其审美情趣。应用型大学开展审美教育,重点放在对全体学生的培养,切忌侧重小众的美育活动,如选拔式、比赛式等,要因势利导进行广泛的美育活动,使大学生的审美意识、审美理想有序地、稳步地提升。

二、应用型大学美育的方法

根据目前各高校实施美育的路径,结合当前应用型大学美育方法的现实问题,我们将以美学知识、实践体验、环境养成、自我完善、情感共鸣等作为主要方法实施美育教育。

(一)美学知识

美学知识是形成审美观点的基础,培养审美能力的前提。美学知识的传授常常是美育的起点。这些美学知识一般应包括美学基础、美学原理、中外美学史等。知识传授法以课堂教学为基础,网络教学作为辅助,教学内容包括美学原理、艺术鉴赏、书法、绘画、舞蹈、文学作品鉴赏等,通过这些课程增强学生对美的领悟力,达到育人的目的。

(二)实践体验

美育中的实践体验法是指为大学生提供亲身参与审美活动的机会,引导他们在实践中体验美、创造美,以提高审美品味和审美创造力的方法。美育作为一种教育实践活动,只有让学生参与到各种教学环节和教学活动中,主动地去探索和学习,美育才能真正发挥作用。一般说来,审美实践主要包括参观博物馆、观看演出、参加讲座、名家对话等文化艺术活动。

(三)环境养成

马克思指出:"人创造环境,同样,环境也创造人。"美育也是一种情感教育,要利用环境对人的塑造作用。在一个良好的氛围中人自然会得到精神升华。在社会、家庭和学校环境中,家庭、学校对学生的影响最大。校园物质环境包括绿化园地、各类建筑、用于教学科研和生产的各种设备、为学习生活提供的各种设施等;校园精神环境主要包括学校的校风学风、校园文化、师德教风等环境。因此,学校应创造好的文化环境,培育人文精神。这种人文精神会融入到学生的精神气质、举止神态中。

(四)自我完善

自我完善、自我教育是大学生人格逐渐趋于成熟的重要标志。以美成人的美育需要在学校教育之外的学生自身的主动投入。在这个过程中,学校负有引导责任,学生则需要自我驱动,自我教育是完善人格的重要保障。

美育过程中实施自我教育法时要注意如下问题:第一,强调自我教育与强调他教是高度一致的。第二,自我教育实施个体的教育,强调个体在美育中的责任和积极性。第三,自我教育强调个体要勇于在生活实践中主动接受教育。

总之,增加大学生自我审美意识,有助于大学生更主动、更自觉、更有效地参加美育活动,促进美育目标的顺利实现。

(五)情感共鸣

从审美教育的功能来看,审美教育是以有价值的内容让欣赏者通过具体情境的感受和体验,产生情感的共鸣、愉悦和净化,从而在非功利化的超越性审美体验中提升人格、陶冶情操,从而使人性在审美的净化中走向完善和和谐。美育注重教育对象的情感调动和情感激发,以情感为核心,培养学生的人生观、价值观。

第七章　应用型大学美育教育

当然,在这个过程中,必须坚持和把握好情理交融的原则。这实质上是要求在审美过程中表达出的感情必须是经过普遍认可的能够激发人积极进取、培养人美好情操的情感。

需要强调的是,开展以美成人的美育,归根结底是要培养学生的能动性和主动性。除了课堂教学以外,美育需要多种途径并举,尤其推荐游历教育法,即引导大学生在旅游观光与社会实践的过程中得到审美教育。"天地之间有大美",而社会生活中则更是处处有芳草,罗丹说过"生活中并不缺少美,而是缺少发现美的眼睛",重要的是去发现美。美育重在实践,走出课堂、走进自然、走进生活,能够收获更加生动而深刻的审美体验。具体可以通过两种方式来实现:一是游历自然之美。应用型高校美育在做好安全管理的前提下,要大力组织校外活动,带领学生接触大自然,这样就可以让大学生不但可以欣赏自然之美,还倍感天地万物之灵气,也能激发热爱祖国大好河山的情感。二是游历社会生活之美。应用型高校在大学生社会实践活动中,要有意识地培养其审美能力和营造润物细无声的审美氛围。可以说,审美教育始终应该面向社会,在社会实践中体现审美精神。

参考文献

[1]汪宝德.美育(第3版)[M].北京:人民卫生出版社,2017.
[2]高荆梅,马蕾.大学美育[M].西安:西北工业大学出版社,2017.
[3]王云峰,杨帅.美育[M].北京:北京理工大学出版社,2016.
[4]杜东枝,等.美·艺术·审美:实践美学原理[M].昆明:云南大学出版社,2015.
[5]王林毅,王威沫.美育与审美[M].北京:国防工业出版社,2014.
[6]杜卫.美育论(第2版)[M].北京:教育科学出版社,2014.
[7]朱立元.美学大辞典(修订本)[M].上海:上海辞书出版社,2014.
[8]金昕.当代高校美育新探[M].北京:商务印书馆,2013.
[9]朱玉珠,楚金波.美学原理[M].哈尔滨:黑龙江人民出版社,2007.
[10]王岗峰.美育与美学(第2版)[M].厦门:厦门大学出版社,2009.
[11]顾永芝.美学原理[M].南京:东南大学出版社,2008.
[12]仇春霖.大学美育(第2版).北京:高等教育出版社,2005.
[13]朱志荣.中国审美理论[M].北京:北京大学出版社,2005.
[14]李方晴,姜晓华.美育与学校教育[M].北京:北京理工大学出版社,2004.
[15]陶功定.美学[M].北京:科学技术文献出版社,1987.
[16]何语华.美育(第2版)[M].北京:中国劳动社会保障出

版社,2005.

[17]鱼风玲.美育[M].北京:中国科学技术出版社,2003.

[18]汪裕雄.审美意象学[M].北京:人民出版社,2013.

[19]吴国强.感悟美学:设计师的美学视野[M].北京:中国轻工业出版社,2007.

[20]蒋孔阳.德国古典美学[M].北京:商务印书馆,1980.

[21][美]阿恩海姆.视觉思维:审美直觉心理学[M].滕守尧,译.北京:光明日报出版社,1987.

[22]劳承万.审美中介论[M].上海:上海文艺出版社,1986.

[23]严云受.诗词意象的魅力[M].合肥:安徽教育出版社,2003.

[24]蔡先金.大学崛起:大学教育理念与模式的冷思考、热争论与务实践[M].济南:山东人民出版社,2012.

[25]张文光.大学美育[M].北京:机械工业出版社,2012.

[26]张加才.建构与创新:高校素质教育课程建设研究[M].北京:清华大学出版社,2016.

[27]周志成,等.应用型大学德育论纲[M].北京:北京出版社,2017.

[28]孔繁敏,等.建设应用型大学之路[M].北京:北京大学出版社,2006.

[29]杨辛,甘霖.美学原理(第4版)[M].北京:北京大学出版社,2010.

[30]张之沧.艺术与真理[M].上海:上海人民出版社,1999.

[31]郑克鲁.火烧莫斯科[M].北京:文艺出版社,1987.

[32]李普曼.当代美学[M].北京:光明日报出版社,1986.

[33]中国戏曲研究院.中国古典戏曲论著集成(七)[M].北京:中国戏剧出版社,1959.

[34][德]爱克曼.歌德谈话录[M].朱光潜,译.北京:人民文学出版社,1978.

[35]刘国钦.高校应用型人才培养的理论与实践[M].北京:人民出版社,2007.

[36]刘鸣,常文学.文艺美学[M].北京:中国戏剧出版社,2005.

[37]曹晖.美学概论[M].北京:对外经济贸易大学出版社,2014.

[38]李国春.大学美育教程[M].长沙:湖南教育出版社,2004.

[39]苑淑娅.美育教程[M].郑州:河南大学出版社,1991.

[40]邢建昌.美学[M].石家庄:河北人民出版社,2012.

[41]朱光潜.朱光潜美学文集(第1卷)[M].上海:上海文艺出版社,1982.

[42]贺年.世界经典名言警句金榜[M].呼和浩特:内蒙古人民出版社,2003.

[43]邱明正,朱立元.美学小辞典(增订版)[M].上海:上海辞书出版社,2007.

[44][古希腊]亚里士多德.诗学[M].陈中梅,译.北京:商务印书馆,1996.

[45][德]黑格尔.美学(第3卷)[M].朱光潜,译.北京:商务印书馆,1981.

[46][德]尼采.悲剧的诞生[M].周国平,译.北京:生活·读书·新知三联书店,1986.

[47][德]马克思,恩格斯.马克思恩格斯选集(第4卷)[M].中央编译局,译.北京:人民出版社,1972.

[48][德]恩格斯.致斐拉萨尔的信[A].马克思恩格斯选集(第4卷)[M].中央编译局,译.北京:人民出版社,1972.

[49]郑惠坚.推进高校美育教材建设的几点思考[J].中国高等教育,2002(21).

后　记

　　本书成稿的时候，正值北京晚秋。窗外，秋意正浓，院子里的景致总是看不够。回想起1996年大学毕业至今，业已完成了两本书稿的写作。在此，要特别感谢北京大学艺术学院叶朗老先生以及我的导师彭吉象先生，没有他们的鼓励与帮助，于我这个舞蹈出身的女生来说，无论如何是没有勇气提笔的。在北京联合大学18年的时光里，感觉舞蹈离我是那么那么远，想起它，感觉非常惭愧，甚至不敢轻易碰触；渐渐地，感觉舞蹈就在自己的身体里，它每时每刻都在伴随着我，可以随时随地起舞……当我从事了18年高校艺术教学之后，舞蹈于我来说，已升华成了生命中永远在朝圣中的"美""大美"！我庆幸自己做了这么多年的美育工作，也感恩父亲在我成长过程中替我做出的选择。美使我更加热爱生活、热爱生命。

　　从北四环路还没有完全修好时来到北京联合大学，到如今看着北京联合大学艺术学院成立，我心中有无限感慨与喜悦……在此也感谢北京联合大学艺术学院对本书的出版资助，更要感谢我的老领导韩宪洲书记、感谢原人文社科部老主任梁怡老师、感谢艺术学院领导张祖明书记、张琪院长、楚天院长以及深爱我的家人和同事们，是你们的爱和鼓励给了我无限的勇气与力量，让我渐渐成长……

　　由于水平有限，书中难免有些纰漏与不足，相信那是留给我再次成长的空间……路漫漫其修远兮，我将为美育事业而努力求索。

汤旭梅
2018年10月29日于蓟门烟树